新闻传播学前沿理论系列教材

新闻传播学研究方法：从基础到前沿

Research Methods in Journalism and Communication Studies: From Basics to Advanced

主　编　钟智锦　张津广

副主编　邓理峰　林功成　陈湘萍

图书在版编目(CIP)数据

新闻传播学研究方法:从基础到前沿 / 钟智锦,张津广主编.--西安:西安交通大学出版社,2023.8(2025.1 重印)
新闻传播学前沿理论系列教材
ISBN 978-7-5693-3383-1

Ⅰ.①新… Ⅱ.①钟… ②张… Ⅲ.①新闻学-传播学-研究方法-高等学校-教材 Ⅳ.①G210

中国国家版本馆 CIP 数据核字(2023)第 149161 号

书　　名 新闻传播学研究方法:从基础到前沿
XINWENCHUANBOXUE YANJIU FANGFA:CONG JICHU DAO QIANYAN
主　　编 钟智锦　张津广
责任编辑 赵怀瀛
责任校对 柳　晨
封面设计 任加盟

出版发行 西安交通大学出版社
(西安市兴庆南路 1 号　邮政编码 710048)
网　　址 http://www.xjtupress.com
电　　话 (029)82668357　82667874(市场营销中心)
(029)82668315(总编办)
传　　真 (029)82668280
印　　刷 陕西印科印务有限公司

开　　本 787mm×1092mm　1/16　**印张** 10.25　**字数** 192 千字
版次印次 2023 年 8 月第 1 版　2025 年 1 月第 2 次印刷
书　　号 ISBN 978-7-5693-3383-1
定　　价 35.00 元

如发现印装质量问题,请与本社市场营销中心联系调换。
订购热线:(029)82665248　(029)82667874
投稿热线:(029)82668133
读者信箱:xj_rwjg@126.com

前言
Foreword

对于社会科学而言，方法论是研究开展的基础，是判断科学性的标准之一，也是区分不同研究路径、研究取向的一种视角。研究方法体现了某种意义上的规则，但并不意味着对社会科学学者想象力的限制，科学恰当的方法反而会令社会科学学者的想象具有实现的可能，是检验想象力是否停留在想象层面的标尺，甚至游刃有余地应用科学的研究方法，会令社会科学学者的想象力愈加发散。社会科学历史上许多重要的理论或命题，均是通过一定的方法来检验的，被证实或者证伪。由于社会科学的研究方法本身就具有跨学科的通用性，对于年轻的学子而言，掌握研究方法，不但是学术训练的必经之路，而且能为跨学科发展做好知识储备。

在社会科学研究方法的领域不乏经典教材，无论是国外的教材，还是国内的教材，在内容的内核方面是极其接近的，在这样的情况下，为什么还要出版一本关于新闻传播学研究方法的教材呢？主要基于两个方面的考虑：其一，希望能够体现新闻传播学相对于其他社会科学学科的特殊性；其二，希望能够在这本新的教材中体现研究方法领域的最新进展，包括因果推断和网络大数据分析。

就研究的路径而言，新闻传播学的研究是丰富多样的，批判学派、文化研究学派、实证主义学派等不同的"派别"中均涌现了大批的学者和研究成果。越来越多的学者在追求理论创新的同时，也致力于对方法的修炼，越来越多的新闻传播学院开设系统化的研究方法课程。本书作者希望能够保留经典的定量和定性研究方法的精华内容，因此基础知识占据了本书的大部分篇幅。在阐述不同研究方法的执行步骤的同时，也介绍了如何处理不同类型的数据，在定量分析和大数据分析部分，统一使用R语言作为教学工具。为了体现学科特色，本书作者将经典的研究方法赋予新闻传播学的研究语境和应用场景，尤其在案例介绍方面，选用新闻传播学比较常见、比较前沿的现象展开分析。

对因果关系的判断在社会科学研究中一直是一个非常重要的领域，同时也是一个常常难以实现的目标。检验自变量和因变量的时间先后关系要求数据具有时间意义上的序列关系，虚假相关、混淆变量、样本偏差、双向因果或者逆向因果常常影响因果判断的准确性。2021年,瑞典皇家科学院将诺贝尔经济学奖颁发给了三位经济学家,其中两位对因果关系分析的方法学研究做出了杰出贡献,可见因果关系分析的重要性。在新闻传播学中,传播效果研究是"5W"模型中的重要一环,也是传播实践追求的终极目标。判断传播效果的有无、大小、方向,需要科学、精确的方法。因此,本书第四章和第五章将通过随机控制实验和问卷调查法来介绍因果推断的最新思路。

在深度媒介化社会,互联网牢牢嵌套在人类的生活、交往和工作之中,数以亿万计的"数字痕迹"随之产生,将人类在线行为和语言转换为可量化、可视化的海量数据,成为"凡走过必留下痕迹"的现实写照。数字技术成为人类高效率生存的重要手段,被应用于社会治理、交通、医疗、教育、商业、科研等各个领域,催生和积累了海量数据。在这样的形势下,传统的社会科学研究方法和统计分析方法面对海量数据明显捉襟见肘,擅长处理大数据的计算社会科学研究方法开始崭露头角,在其中,计算传播学成为一种借助计算方法分析传播过程的重要研究取向,并被日益广泛地应用于新闻传播学研究的各个领域。获取大数据和分析处理大数据成为计算传播学研究的两个重要步骤。文本大数据是新闻传播学研究中经常处理的数据,因此,本书第十章和第十一章将介绍如何从网络上爬取数据,如何处理文本大数据。

本书由中山大学新闻传播学院几位从事研究方法相关课程的教学或相关领域研究的骨干教师共同撰写,几位作者中有的擅长定量研究,有的擅长定性研究,有的则是大数据挖掘领域的专业人士。其中,第一、二、三章的作者是钟智锦,第四、五章的作者是张津广,第六、八章的作者是林功成,第七、九章的作者是邓理峰,第十、十一章的作者是陈湘萍。一本书的容量是极其有限的,作者希望能够将新闻传播学研究方法的基础、前沿知识都较为周到地进行介绍,但在大数据处理部分,将所有的处理分析方法囊括在本书中是不切实际的,读者如果对大数据分析感兴趣,还需要更全面地阅读计算传播学的相关书籍。

希望本书能成为新闻传播学专业学子在学术道路上的引路之星,虽然不如日月那么耀眼夺目,但闪烁的微光也能够让摸索中的人不迷失前进的方向。

钟智锦

2023年6月

目录
Contents

第一章

绪论

第一节 研究方法在新闻传播学研究中的应用

研究就是认真地提出问题，并用系统的方法来寻找问题答案的过程。这里有两个重要的关键词：一个是“问题”，指的是社会科学研究，包括新闻传播学研究需要有明确的问题意识；另一个就是“方法”，指的是研究结论要基于系统的、科学的方法之上。

中国有句古话叫“授人以鱼不如授人以渔”。“鱼”和“渔”的读音是一样的，但是含义却很不一样，这句话的意思是，赠予别人一条鱼，或者一筐鱼，都不如教授别人捕鱼的办法，因为有了这个办法，他们就可以通过自己的劳动来捕获鱼，而不需要去依赖别人的馈赠。研究方法就如同捕鱼的方法，只要我们掌握了科学的研究方法，就能够解决新闻传播学研究中的各种问题，享受研究的乐趣。

必须要说明的是，由于新闻传播学本身就是社会科学当中一个非常重要的分支，社会科学当中的很多研究方法都是互通的。新闻传播学的很多研究方法，在社会科学的其他学科研究中也一样会用到，但是也有一些方法，是新闻传播学特有的。

新闻传播学研究方法能帮助我们解决什么样的研究问题呢？可以依据哈德罗·拉斯韦尔（Harold Lasswell）的 5W 模型来回答这个问题。5W 模型指的是“Who、Says What、In Which Channel、To Whom、With What Effect”。

第一个“W”是传播者，也就是传播行为的发起者，它既可以是媒体，也可以是组织机构，还可以是个人。无论是哪种传播者，我们都可以研究它的特征。比如可以研究一家媒体的规模、新闻生产流程、社会影响力，这就属于传播者研究，可以采用参与式观察、访谈、问卷调查等定量与定性相结合的方法。

第二个“W”是传播内容研究。可以研究媒体的内容特征，比如报纸对某一个议题的报道，是基于一个什么样的框架，持一种什么样的态度和立场。在传播内容研究当中最常见的研究方法是内容分析法。

第三个“W”是渠道研究。渠道指的是新闻信息的传播路径，它包括媒介系统、社会网络组织机构和个体。渠道研究可以分析信息在不同的渠道之间的传播路径，也可以比较在不同的渠道中信息的传播效果、传播模式，这里有的时候会用到基于大数据或者社会网络分析的计算传播研究方法。

第四个“W”是受众研究。我们可以研究受众的特征，如他们的动机、心理和行为。如果研究某一个电视节目的观众人群，那么可以通过收视率调查了解这些受众的人口社会学特征，或者通过问卷调查、访谈等方法来了解他们收看这档节目的心理动机、消费习惯，以及他们是否认同节目当中的内容。

第五个"W"是媒介效果研究,这在传播学当中是一个非常重要的领域。我们可以研究媒体的内容如何影响受众。比如传播学当中的劝服研究、媒介暴力研究、媒介色情研究,关注的都是媒介对受众的影响,这种影响常常需要通过定量研究方法来进行因果关系的判定。

除此之外,也可以通过新闻传播学的不同子领域来了解研究方法的重要性。以政治传播为例,经典的政治传播研究是对媒体和选举之间关系的探讨。我们所熟悉的很多传播学理论,比如议程设置理论,都与政治选举有密切的关系。在政治传播研究中,可以通过问卷调查、实验等方法探索媒体如何影响选举,如何影响公共政策的制定与传播。近几年非常热门的健康传播研究,也是基于系统的研究方法来开展的。很多研究者关注疾病的相关信息是如何在不同的渠道当中进行传播的,这些信息又是如何影响人们的健康信念和健康行为的。要回答这些研究问题,需要借助问卷调查、实验等方法,甚至要基于大数据的计算传播研究方法来寻求答案。另外,还有很多学者关注广告或者其他传媒经济领域的问题,他们研究广告方案的测试,通过实验法来探索消费者对广告的印象、认知,以及广告是否会影响消费者的购买意愿。这些问题的解决经常借助实验法,使用心理学的量表来测量被试的认知、态度,有时候也会借助眼动仪、生理仪等设备来进行更加客观的验证。

第二节 研究的伦理与规范

艾滋病是一种由 HIV 病毒感染而引起的获得性免疫缺陷综合征。一小部分人生来就具有对 HIV 病毒的免疫力,这部分人因为一种名为 CCR5 的基因发生了突变,阻塞了 HIV 病毒感染细胞的主要途径。南方科技大学原副教授贺建奎等人认为可以通过编辑人类胚胎 CCR5 基因,让艾滋病患者生育出免疫艾滋病的婴儿。

贺建奎及其团队招募了 7 对想要孩子的夫妇,其中男性都携带艾滋病毒,而女性没有。通过体外受精技术产生胚胎后,他们使用名为 CRISPR-Cas9 的基因编辑技术来改变 CCR5 基因。根据报道,贺建奎等人伪造文件通过了一项强制性的伦理审查,并使用虚假信息,让医生在不知情的情况下将基因编辑过的胚胎植入两名妇女体内①。

2018 年 11 月 26 日,贺建奎宣称,他与团队通过基因编辑技术,使一对具有先天性抵抗艾滋病能力的双胞胎婴儿诞生。"基因编辑婴儿"事件轰动一时,贺建奎及其

---

① "基因编辑婴儿"案一审宣判 贺建奎等三被告人被追究刑事责任[EB/OL].[2022-01-01]. https://baijiahao.baidu.com/s?id=1654317683393388334&wfr=spider&for=pc.

研究团队在研究中的伦理道德问题受到了全球关注。2019年12月30日，经判决，贺建奎及其团队共3名被告人被定性为非法行医罪，受到了不同程度的处罚。

尽管研究方法能够帮助研究者实现自己的研究目的，但任何研究都有伦理的边界，自然科学研究如此，社会科学研究同样如此。社会科学的设计和实施不能够侵犯被研究者的合法权益，这是研究伦理的基本原则。社会科学的发展进程中，有一些著名的研究一方面因为其研究结论的精彩绝伦而被大家所熟知，另一方面却因为其有悖于伦理和道德而被一代又一代的研究方法课程作为"反面教材"，"茶室交易""电击实验""斯坦福监狱实验"就是其中著名的例子。这些研究因为涉及非法数据收集、欺骗，以及造成被实验者身体或心理伤害等原因，长期以来持续面临着社会各界的广泛批评。直到当代社会，类似的例子仍然在发生。

2018年，英国心理学家达伦·布朗(Derren Brown)策划组织的一档真人秀节目《就范》(*The Push*)在Netflix出品。在真人秀节目中，达伦·布朗通过"社会屈从性实验"展示了为何有着良好发展前途的普通人仍然可能会一步一步发展为犯罪者。达伦·布朗认为，"社会屈从性"会导致人们忽视自己的作恶，从一件件小事开始，逐步扩大，并发展出不可控制的结果。

达伦·布朗精心设计了一个虚假的慈善项目，并为此举办了一场晚宴，邀请被试参加。在晚宴举办的两个月之前，达伦·布朗与他的团队在社会上广泛招募志愿者，但并没有告诉志愿者真正的实验过程。通过一系列测试，达伦·布朗找到了4位明显具备"盲从性"和"屈从性"等性格弱点的人作为最终的被试。这些被试并不知道自己被选中，达伦·布朗派出一名具有亲和力的演员A与被试单独接触，通过偶遇相识，融入被试的生活和工作。经过一个多月的相处，演员A逐渐获取被试信任，并带着被试拜访由演员假扮的性格强势的商业大佬B。在某个契机之下，商业大佬B邀请演员A和被试共同参与由他发起的慈善晚宴。此时达伦·布朗的"社会屈从性实验"正式开始。

在这场虚假的慈善晚宴中，除受邀参加的被试外，都是事先安排好的演员。被试受邀来到晚宴现场后，演员A会以有急事并且手机没电需要打电话的理由，借走被试的手机后迅速离场。达伦·布朗通过演员之口向被试强调来参加晚宴的每一个来宾身份都非常尊贵，并且故意没有告知被试穿着正装，使其感到格格不入。在演员的巧妙配合和引导下，被试帮助商业大佬B把肉食菜品装在素食餐盘中并做出素食标记，此时被试做下第一次屈从性欺骗行为。随后，被试被安排见证了商业大佬B和晚宴大客户C的争吵，大客户C在争吵中抽搐倒地，看起来将要停止呼吸。被试在商业大佬B的要求下，不得不帮忙掩盖事实，包括转移和藏匿"尸体"，以及假扮大客户C进行晚宴演讲等，以保证晚宴顺利进行。

接下来，一位自称大客户C妻子的人进入晚宴会场，状似匆忙地找到商业大佬B称，大客户C患有晕倒会陷入假死的怪病，出门忘记带药，自己特意来送药。被试随商业大佬B来到藏匿“尸体”的房间却并没有找到大客户C的人影，但听到楼顶传来咒骂声，声音引来饰演贵宾的三位演员D、E、F的注意。五人前往楼顶，听见大客户C愤怒地咆哮称，自己晕倒不久就醒来，听见被试和商业大佬B讨论“藏尸”和伪造意外身亡等事情，自己通过装死和录音拿到了证据，并嚷嚷着要让所有人坐牢。面对这种情境，经过激烈讨论后达成一致，决定再次掩盖真相，反复劝说被试把大客户C推下楼顶天台。

这场实验进行了四次，四位被试的经历几乎完全一致，只有一个实验者通过了社会屈从性实验，其余三人最后都亲手把人从楼顶推了下去。尽管完成实验后，达伦·布朗将实验的真正目的和实验全部程序以及欺骗手段原原本本告诉了被试，但是被试仍然受到了巨大的心理伤害。在整个实验过程中，被试因为实验设计表现出不同程度的紧张、压力、焦虑、不适，尤其是帮助“藏尸”、欺骗他人甚至亲手杀人等经历，使他们产生了强烈的负罪感和巨大的内心折磨，一度有被试现场崩溃大哭。因此，虽然他们事后知道一切都是一场骗局，但仍然留下极大的心理阴影，尤其这些经历通过真人秀节目公之于众后，可能会影响到被试的生活和社交。虽然实验的设计需要遵循双盲原则，但是在“社会屈从性实验”中，被试遭受到了巨大的心理伤害，这有违社会科学研究伦理。

通过上面的例子，我们可以了解，在社会科学研究当中，是很有可能触及伦理道德底线的。而这样的行为常常发生在数据的收集和实验设计过程当中，那么我们在进行社会科学研究时应该遵循什么样的原则呢？

第一个原则是知情同意。研究对象要清楚明白地知道他们将要经过什么样的研究过程，他或她参与我们的研究，要做出怎样的配合，可能会承担什么样的风险。

第二个原则是自愿参与。我们不能用任何手段去强迫研究对象来参与研究，当他们感觉到不舒服、不愿意的时候，可以随时退出研究。

第三个原则是对研究对象无害。我们的研究，无论是对于研究对象的身体，还是心灵，都不能造成任何伤害，哪怕这些伤害可能只是潜在的。前些年备受关注的“黄金大米”研究是一个用转基因食品来做实验的案例。转基因食品本身的危害性是不确定的，所以用这样一种食品来做关于人体的实验，它的危害性可能不会立刻显现出来，但它是潜在的。

第四个原则是匿名与保密。在社会科学研究中可能触碰到研究对象不为人知的一面，甚至触碰到他们的隐私，我们在研究报告和论文中不能透露他们的身份，以及任何可能会导致别人发现他们身份的线索。

第五个原则是保护未成年人。一般来说，当我们要以未成年人作为研究对象时，应该获得他们监护人的同意，因为未成年人的自我保护意识比较弱，只有在监护人充分了解研究过程、研究目的的情况下，才能比较周全地确保未成年人在研究中不会受到伤害。

现在，很多大学和科研机构都设立有伦理审查委员会，体现了对研究伦理的重视。作为社会科学中的一个分支，新闻传播学研究同样需要遵循上面介绍的几条伦理原则。最后，留给大家一道思考题，2018 年的“基因编辑婴儿”事件引发了广泛的社会批评，请大家想想，这项研究当中存在着什么样的伦理问题。

第三节　研究的选题及其来源

对于一项社会科学研究来说，选题是否有价值、是否有创新直接影响到研究的学术含量。社会科学的选题需要具有问题意识，能够提出明确的、有学术意义的研究问题。研究问题指的是对我们希望探索的新闻传播现象进行集中的、准确的表述。顾名思义，研究问题不是一种感想，也不是一种结论，而是一个有着明确问题意识的陈述。

一个研究问题究竟是不是好的选题，有几个标准可以供大家来衡量。

第一个标准是重要性，也就是说，这个问题是否具有社会价值或意义。重要性又可以分为两个层次。第一个层次是理论意义，指的是这个选题是否有益于学科的发展，是否有利于建构某种理论或检验某种理论，是否能够对人们认识社会规律、解释社会现象作出理论贡献。比如，新闻传播学当中的很多理论是基于传统媒体时代的传播现象提出的，议程设置就是一个典型的例子。这个理论针对的是传统媒体的传播效果，认为媒介议程能够影响公众议程，那么在新媒体时代，议程设置理论是否仍然站得住脚？如果我们就媒介议程和公众议程之间的相互关系提出一个研究问题，并设计一个研究来进行验证，那么这就是一个有理论贡献的研究。又比如，有时候我们发现有些理论之间是相互冲突、相互对立的，但各自都会得到一些经验研究的支持，那么我们可以通过新的研究设计，找到这些理论各自存在的前提条件，解释在何种条件下这种冲突是完全对立的，在何种条件下这种冲突是可以调节的，那么这也是理论贡献。有时候我们还可以把不同的理论进行结合，对一个现象的不同方面或维度进行理论阐释，然后以一个系统性的理论框架来对整体的现象进行解释，从而形成对该现象的宏观思考，这也是理论贡献。比如新闻传播学领域中的媒介暴力研究试图解释为什么媒介中出现的暴力内容可能会使受众产生暴力倾向，不同的学者从社会学习理论、涵化理论、脱敏理论等角度出发进行解释，美国学者安德森

(Anderson)和布什曼(Bushman)在2002年建立了一个“一般暴力模型”的理论框架,从短期、长期、内部、外部等多个视角解释了媒介暴力对受众攻击性的影响,是吸纳了社会学理论、涵化理论、脱敏理论等多种理论的集大成之作。建构这样一个综合性的模型,就具有非常重要的理论价值。选题重要性的第二个层次是实践意义,指的是我们的研究是否能够为解决实际问题提供参考。新闻传播学研究在描述社会现象、解释社会现象发生原因的基础上,常常会寻求解决问题的途径。比如,近些年大家比较关注老年人的社交媒体使用障碍问题,这个问题在新冠疫情期间显得尤为严重,因为很多老年人不会使用智能手机上面的各种应用程序,不能够自由地调取自己的健康码,这使得他们在疫情期间的生活变得非常不方便。如果我们研究如何通过互联网平台、社区、家庭的努力,提高老年人的新媒体素养,消除老年人的数字鸿沟,使他们在日新月异的新媒体社会中能和其他人群一样享受技术带来的便利,那就具有非常重要的社会价值或实践意义。

选题的第二个标准是创新性,它指的是我们的研究课题能否为所在的学术领域增加新的知识。创新性体现在研究对象、研究方法、研究理论等方面。第一个创新点是研究对象。研究对象的创新指的是我们关注的对象是新的现象、新的事物,很少有其他人研究过。比如说前些年在微博等社交媒体上出现了网络反腐现象,这是在之前的岁月中很少出现的情况。网民通过网络上的一些新闻照片,发现某些官员贪腐的线索,通过舆论来促使地方政府注重对某些官员廉洁问题的调查,这就是一种新的现象。发现新的研究对象其实并不容易,但是在互联网技术发展日新月异的今天,有很多新的技术、新的服务涌现,因此出现很多新的网络现象,发现一个新的问题,并非完全没有可能,只是需要我们有善于发现问题的敏锐眼光。第二个创新点是研究方法。如果你发现你感兴趣的话题,之前研究时用的都是类似的方法,而这些方法都存在着普遍的问题,那么你可以采用更加科学、缜密的研究方法来重新研究这个话题,这样就具有方法创新的意义。比如某个话题,大部分研究都是通过问卷调查法这类传统的社会科学研究方法来切入,但问卷调查法的缺陷在于自我报告的数据具有一定的主观性,样本规模有限且难以做到随机抽样。如果采用网络大数据来分析,则能够克服问卷调查法的缺点,获得的数据更加客观,也能够避免抽样带来的偏差,不过前提条件是能够获得网络大数据,且大数据中包含我们需要的变量。第三个创新点是理论创新,比如用新的理论来解释旧的现象,或者对原有的理论进行检验,发现原有的理论在新的社会环境下发生了变化,这也属于理论创新的表现。

选题的第三个标准是可行性,指的是我们选择的研究课题是否与我们的能力条件和各种社会因素相适应。在选择和确定研究课题的时候,一方面要考虑自身因素，另一方面也要衡量社会因素。自身因素泛指个人兴趣、生活经历、理论水平、知识结构。最好选择自己感兴趣的话题，因为兴趣是最好的老师，或者选择自己在日常生活中经历过的、不太陌生的话题来进行研究，因为越是熟悉的对象，我们越能够有较为深刻的感悟和较为细腻的观察。此外，做选题时也要考虑自己的理论水平和知识结构，如果你觉得自己的理论素养比较薄弱，那么要慎重选择做纯理论性的研究，可以选择能够指向明确社会现象的那种研究问题。同时，做选题时还要考虑研究的可行性，即是不是有足够的经费、足够的时间、足够的资料来开展研究。影响选题可行性的社会因素指的是我们的研究是否符合政策法律的规定，是否符合伦理道德的要求，这一点我们在之前的章节中已经详细介绍过，这里不再展开。

那么，我们的选题从哪里来呢？一般来说，好的选题主要来自以下三个方向。第一，可以从现实生活中观察、发现和提炼选题，把生活中的现实问题、有趣现象转变为研究选题。例如，很多同学喜欢明星，近年来粉丝的追星活动体现出了强大的组织动员能力和消费能力，有时候也会出现一些比较偏激的个案，那么就可以就这个现象来展开研究，比如可以比较当下的饭圈文化和十几年前的追星文化有什么差别，粉丝的心理出现了何种变迁，造成这种差别和变迁的原因又是什么。

选题的第二个来源是从相关文献中概括和总结问题，这意味着我们平时要有广泛的文献涉猎，通过阅读大量的书籍论文，把握学界对我们所感兴趣现象的研究现状，明白在已有的研究中，哪些问题已经得到非常完善的解决，哪些问题仍存有争议，哪些问题还很少有人涉足。那些有争议的或者鲜有人涉足的领域，就是我们可以努力的方向。

选题的第三个来源是从国家政策中寻找选题的思路和方向，比如每年的国家社会科学基金指南，就是一个非常重要的选题来源。中央和地方政府的五年规划都能够体现出政府对学术研究的期待，而这些期待也反映了中国社会亟须解决的一些重要问题，这些都可以成为我们灵感的来源。

第四节　研究假设与研究问题

当我们确定好自己的研究方向和选题之后，就需要对研究问题进行界定，使问题的重点和方向变得更加清晰，要找准学术变量，将宽泛笼统的研究范围缩小为特定具体的研究问题或研究假设。

在进行新闻传播学研究的时候，经常要首先提出一些研究假设，然后通过实证的检验数据来验证这些研究假设是否能够成立，尤其在做定量研究的时候，研究假设的提出就更为重要。研究假设是一种尚待检验的命题，是以已有的事实材料或科学理论为依据,对未知的事实或规律所提出的一种推测性的说明。研究假设一般来说包含两个或两个以上的变量,且需要说明各变量之间相互依存的性质,能够呈现未来预期的研究结果,常常通过肯定的语态来进行叙述。

至关重要的是,研究假设的提出,需要一定的理论基础、逻辑推导或者经验研究的支持,不能无根无据。比如,我们可以根据前人的理论或者实证数据,结合社会现象,通过严密的逻辑论证,推论出某一个假设,切记不要不经过任何推导,就提出大量的研究假设。

研究假设有不同的类型。第一种类型是条件式假设。它假定某个变量或现象发生变化的时候,另外一个变量和现象也随之发生变化。比如,大学生使用微信的时间越长,他们的幸福感也越强,这就是一种条件式的假设,呈现了微信使用和幸福感这两个变量之间正向相关的关系,当然这种关系是需要经过检验的。条件式假设主要用于进行解释性研究或者分析变量之间的相关关系。

第二种类型是差异式假设。它假定一个变量的若干个范畴,或者数值在另外一个变量上存在差异,它基本的表述是 x 不同、y 不同,或者 x 和 y 在某方面存在显著差异。比如,农村家庭和城市家庭在新媒体的拥有率上存在显著差异。这里的两个变量是地域和新媒体的拥有率。差异性的研究假设常常用于描述性研究,有的时候也会用于相关性研究。

第三种类型是设想式假设。它只表明两个变量或概念之间存在一定的关系,但并不明确指出概念或变量变化的方向,也就是说,它不具有预测功能,比如公民的政治参与程度与互联网使用有关。在这里我们仅预测两个变量之间是相关的,到底是正向相关,还是负向相关,在假设当中不给出明确的界定。为什么会没有明确的界定呢?可能是因为以往的经验研究或者理论是相互冲突的,有的研究发现二者之间是正相关,有的研究发现二者之间是负相关,在这样的情况下,我们在开展一个新研究的时候,就不一定非要明确它们到底是正相关还是负相关。

一般来说,假设的建构往往会遵循演绎逻辑或归纳逻辑。所谓演绎逻辑,指的是从带有普适性的理论出发,演绎出一个期望或者一个可供检验的假设。换而言之,就是从一般的社会科学原理或理论出发,通过逻辑推理解释具体的事件或现象。演绎推理的主要形式是"三段论",即由大前提、小前提、结论三部分组成。大前提是已知的一般原理;小前提是研究的特殊场合;结论是将特殊场合归到一般原理之下得出的新知识,即通过一般原理推演出特殊情况下的结论。比如,勾股定理(Pythagoras Theorem)是指直角三角形的两条直角边的平方和等于斜边的平方。我们在已知一个直角三角形的两边长,去求第三边长的时候,其实就是在从一般到特殊进行演绎推理的过程。再比如,知沟理论(Knowledge Gap Theory)认为,由于社会经济地位高者通常能比社会经济地位低者更快地获得信息，因此，大众媒介传送的信息越多，两者之间的知识鸿沟也就越有扩大的趋势。研究知沟理论的相关学者需要在这个理论前提下进一步演绎，以提出更具象的、可具体操作的研究假设。假设从经济收入不同的群体出发，农村进城务工人员相比城市的医生、律师等职业群体而言，经济收入低，那么就可以提出一个研究假设：大众媒介传送的信息越多，农村进城务工人员与城市医生、律师等职业群体之间的知识差距就越大。此类基于一般理论提出具体研究假设的过程就属于演绎推理。

假设建构的第二个逻辑是归纳逻辑。归纳逻辑指的是从特殊事实中概括出一般原理的推理形式和思维方法，与演绎逻辑正好反向而行，即从个别的单一事物的性质特点和关系中概括出一类事物的性质特点和关系。简单来说，归纳推理是由一定程度的关于个别事物的观点过渡到范围较大的观点，由特殊具体的事例推导出一般原理、原则的解释方法。比如，我们知道锐角三角形的内角和是 180 度，直角三角形的内角和是 180 度，钝角三角形的内角和是 180 度，所以推论得出，一切三角形的内角和都是 180 度。另一个典型的归纳逻辑的例子是门捷列夫运用归纳推理的方法，对不同性质的元素之间的关系进行研究，最终归纳出了化学元素周期律。再比如，建立在人类传播行为可计算性基础上的计算传播研究，通常依托大规模数据集，使用文本分析、情感分析、主题聚类等方法整合和分析数据，从而挖掘或归纳出人类传播行为数据背后的模式和法则，揭示一定的传播规律、机制或原理。以网络舆论的主题聚类研究为例，它基于网络上涉及某些议题事件的大量网络舆论数据，在对数据文本进行分词、停用词处理及聚类算法等步骤后，提取出数据的结构性特征，并将差异较小、相似度较大的数据内容聚集在一起，划分出不同的类别，从而提取出最终的网络舆论主题。尽管分析归纳的过程都被机器计算代劳，但其研究的底层逻辑仍然是归纳逻辑。事实上，计算传播研究中很多方法的底层逻辑也都是从海量数据中归纳或挖掘出具有一般特征的结论。

有时候，我们在新闻传播学研究中不一定会提出研究假设，而会提出一些研究问题。当我们所关注的现象没有合适的理论来解释，或者没有足够的经验数据支持，或者当我们的研究目的只是想对现象进行基本的描述时，我们往往不会提出一个研究假设，而是会提出一个研究问题。研究问题可以陈述某些现象的方向，对研究的结果没有一定的预期答案，这在定量研究和定性研究当中都比较常见。比如，新闻传播学领域的学者很关心电视对儿童的影响，因为电视会建构一个拟态的社会面貌，这种拟态的社会与现实社会可能是存在很大差异的，对于缺乏足够辨别能力的儿童来说，可能会认为电视中的社会就是现实生活中的社会，因此，我们可以提出一个研究问题，电视是否会导致儿童对现实认知的扭曲？如果沿着这个思路进一步思索,我们会认为,不同的电视节目塑造的拟态世界与现实世界可能是不同的,动画片、电视剧、新闻对现实的还原程度就很不一样,并且,儿童接触电视的程度也不一样,那么电视对他们的影响也会存在差异。因此,我们可以将笼统的研究问题发展为更具有针对性的研究假设:儿童对现实认知的扭曲程度,与他们收看电视节目的时间与类型直接相关。从这个例子可以看出,研究问题一般来说没有一个预期的答案,研究假设却有一个预期的答案,这就是二者之间的差别。

第五节 探索性研究、描述性研究与解释性研究

不同类型的研究,研究的目的是不一样的,根据研究目的的差异,可以将社会科学研究划分为探索性研究、描述性研究与解释性研究。

探索性研究指的是对所研究的现象或问题进行初步了解,以获得初步印象和感性认识,为今后更周密深入的研究提供基础和方向的研究类型。在什么样的情况下我们需要进行探索性研究呢?最常见的是如下三种情况。第一种情况是研究课题和研究的现象十分独特,很少有人涉足。换而言之,就是我们一脚踏入了一个无人之境,这个领域还没有其他人进行研究,我们成为这一领域的拓荒者,那么就需要摸着石头过河,做很多探索性工作。第二种情况是研究者对所涉及的课题不熟悉,也就是说,这个课题之前有很多人做过,但是我们自己是第一次接触,这个时候也需要进行探索性研究。第三种情况是为进一步的研究提供研究思路和研究假设,或者从中尝试和发展新的研究方法,或者对研究方法进行预演,发现问题,从而完善研究设计。

探索性研究能够帮助我们形成关于所研究问题或对象的初始命题或假设,发展、尝试和演练更为成熟的研究方法,帮助我们探讨进行系统、周密研究的可能性。怎么样来做探索性研究呢?首先需要查阅相关领域的文献,了解前人研究的基本成果,发现前人研究的不足,从而找到我们自己研究的必要性和创新点。其次,可以咨询本领域的专家学者,获得他们的指导性意见。再次,可以抽取若干对象进行访谈、观察、调研或者预实验,从而为后面的问卷设计和实验设计提供参考。

描述性研究能够帮助我们系统地了解社会问题或社会现象的状况及其发展过程,通过对现象进行准确全面的描述来反映总体的特征及其分布,帮助解答社会现象"是什么"的问题,主要用来收集系统性的资料,描述对象的基本特征和总体面貌。描述性研究的要求是具有准确性和全面性。新闻传播学研究当中经常会做很多关于传播现象或传播内容的描述。比如,我们对媒介传播内容的解读与展现,其实就是一种描述性研究,向大家展示媒体是如何报道某个议题的。还有一些研究会侧重

于描述某种社会现象，比如：描述农村互联网用户如何利用抖音、快手等直播平台展现农村生活、获得社会支持；描述饭圈文化的具体表现，如粉丝如何支持偶像、如何组织动员，形成“粉丝经济”的现象。对研究对象进行准确而全面的描述是社会科学研究的基础，任何一个研究都要首先做好描述性工作，然后才能做解释性工作。

解释性研究站在研究类型金字塔的顶尖，它希望能够说明社会现象发生的原因，探索社会现象的发展趋势，揭示社会现象之间的因果关系，解答社会现象“为什么”的问题。本章将简单向大家介绍因果关系的三个条件，后面的章节里将会重点介绍如何进行因果判断的研究设计。

一般来说，两个变量之间要满足以下三个条件，才可以称之为通则式因果关系。第一，原因要发生在结果之前，二者之间要存在时间先后关系。比如互联网使用与网络上瘾，肯定先使用互联网，才可能会出现网络上瘾的情况。第二，原因和结果之间是相互联系的，也就是说它们要有共变关系，指的是两个变量之间的经验相关，一个变量的改变要影响另一个变量发生改变。比如在职场中，工作时间越长，工资水平越高，那就体现了两个变量之间的共变关系。第三，除原因外，没有其他因素可以解释结果的变化，也就是说，原因和结果之间的这种共变关系应该是非虚假相关。虚假相关指的是两个变量之间巧合性的统一关系，其实是由第三个变量引起的。也就是说，正因为 a 引起了 b 的变化，b 的变化又引起了 c 的变化，所以看上去好像是 a 的变化引起了 c 的变化，但事实上 a 与 c 二者之间的共变关系是虚假的，因为它们之间还存在了第三者，也就是 b。

不满足第一个条件，将会造成因果倒置(Reverse Causality)。世界卫生组织建议母乳喂养两年或更长的时间。部分研究认为母乳喂养有利于婴幼儿获取营养和健康成长，另一部分研究却认为接受母乳喂养时间更长的婴幼儿患营养不良的风险更高。约翰斯·霍普金斯大学(Johns Hopkins University)的研究人员对此进行了专门分析，结果发现那些社会经济地位低的家庭通常居住在食物资源有限的社区，比如距离市中心或大型超市较远，因此婴幼儿很难方便地得到足够的辅食，只能接受更长时间的母乳喂养。这个研究指出，并不是更长时间的母乳喂养导致了婴幼儿营养健康情况较差，而是婴幼儿营养健康情况较差导致了更长时间的母乳喂养。

不满足第二个条件，将会造成错误因果。这种情况常见于将相关关系解释为因果关系。一个非常明显的例子是“鸡叫引起日出”，虽然鸡叫常发生在日出之后，但二者之间并不存在明显的共变关系或影响关系，这样生硬地把两件事联系在一起就是错误因果。

不满足第三个条件，将会忽略共同因素(Common Factor)的作用。一个明显的例子是“咖啡致死”。研究人员发现经常喝咖啡的人猝死概率更高，于是得出结论

"喝咖啡导致人猝死概率提高"。然而实际情况是,经常喝咖啡的群体可能面临着更高的工作强度和熬夜加班频率,从而导致猝死概率提高。在这个例子里,"高强度熬夜工作"就是一个"共同因素",既导致了较高的猝死概率,也导致了喝咖啡频率增加,最终造成了喝咖啡与猝死之间虚假的因果关系。因果关系很容易被其他因素干扰,这些因素通常被叫作混杂因素(Confounding Factor)。在前面的例子里,"高强度熬夜工作"就可以被称作混杂因素。

对于因果解释,我们一定要注意是否满足因果关系的三个前提条件,特别是不能只满足数据本身,而要关注数据生成的全貌,多使用因果思维理解数据产生的机制,这样有助于避免我们从数据中得到错误的结论,陷入辛普森悖论(Simpson's Paradox)。数据是一个有力的武器,它既能被用来澄清事实,也能被用来混淆事实,我们需要对数据本身保持怀疑态度,谨慎得出结论。

必须要说明的是,我们在进行变量之间的因果关系检验的时候,所检验的不是完全原因,而是概率性的原因,不排除存在例外现象。并且,我们解释因果关系,往往很难找到所有原因,只能找到众多原因之一或者众多原因当中的几个。基于以上内容,我们可以发现,对因果关系的判定需要满足重要的前提条件,不是一件容易的事情,如果我们能够找到一些重要的原因变量来解释一些现象,那么就可以对社会科学做出相应贡献。

第六节 截面研究与纵贯研究

根据研究的时间维度,可以将社会科学研究分为截面研究与纵贯研究。

截面研究也叫作横截面研究,它指的是确定某个时间点,取得在该时间点上的资料,并以此进行研究,它具有静态化、结构化的特点。比如做一次问卷调查,调查大学生的媒介使用习惯,那么这就是一个截面研究。截面研究的好处是操作起来比较方便,节省时间和人力,只需要做一次问卷调查就可以。但它也存在着一些不足。第一,截面研究难以对研究问题的动态和发展规律进行跟踪。第二,截面研究难以确定变量之间的因果关系,因为就像上一节所说的,对因果关系的判定,首先要满足的第一个条件就是原因和结果之间要存在时间先后顺序,而在一次单独的问卷调查当中,是不可能确定变量之间的先后顺序的。

为了弥补截面研究的缺陷,社会学家们设计了纵贯研究,有的时候也叫作纵向研究,指的是在多个时点进行的持续性研究。纵贯研究有三种常见的类型。第一种叫作趋势研究,是对一般总体随时间推移而发生变化的研究,主要用来揭示社会现象的变化趋势和规律。比如针对我国在 1953 年、1964 年、1982 年、1990 年、2000

年、2010年和2020年进行的7次人口普查，来探索我国人口发展变化的趋势和规律，这就是一个典型的趋势研究。趋势研究要求研究对象是同一总体，我们要采用同样的抽样方法（当然，普查不存在抽样的问题），并用同样的问卷，或者用至少部分相同的问卷来问询研究对象。由于是一个跨越年份的研究，会出现样本的更迭，每次调查会获得不同的样本。

第二种叫作世代研究，又称同期群研究或代群研究，它是对不同代际的群体的某类现象随时间推移而发生变化的研究。比如，针对近10年来“70后”“80后”“90后”人群媒介消费倾向变化的研究，就属于世代研究。通过这个简单的例子，我们会发现在世代研究中有两个明确的时间维度。其中一个维度出现在人群的代际差异上，“70后”“80后”“90后”……每10年是一代人。第二个维度发生在我们研究的具体变量上，比如政治倾向的改变、消费倾向的改变。世代研究往往要求研究对象是同一总体，采用同样的抽样方法、同样的问卷，我们在每次调研时往往会获得不同的样本。除此之外，还要求独立样本能够被同样的年龄区间划分，每两个独立样本之间的年龄区间要比较长，能形成一个代群的差异。

表1-1显示了不同年龄组的人读报习惯的变化。表1-1显示了三种不同的信息。第一种解读方法是横着看，我们会发现同一年龄组的人随着时间的推移，看报的时间在减少，无论在哪个年龄组都呈现了这一趋势。第二种解读的方法是竖着看，我们会发现，无论是在1955年，还是在1975年，年龄大的人比年纪轻的人看报时间都更长。第三种方法是斜着看，比如，1955年时16～35岁的人群，到了1975年之后，就变成了36～55岁的人群，1955年时36～55岁的人群，到了1975年之后，就变成了56～75岁的人群。斜着看的话，会发现同一个年龄世代的人，他们看报纸的习惯是不会发生变化的。比如，1955年时16～35岁的人平均每天看报时间是30分钟，到了1975年，这个年龄层变成了36～55岁，但他们看报的时间还是30分钟。通过这样一个简单的表，我们能够了解世代研究的设计思路以及它能解决的问题。

表1-1 不同年龄组在不同年份的读报时长

年龄组	读报时长	
	1955年	1975年
16～35岁	30分钟	20分钟
36～55岁	40分钟	30分钟
56～75岁	50分钟	40分钟

第三种叫作追踪研究,有时候也叫作面板研究或固定样本研究,它指的是对同一个组对象随时间的推移而发生变化的研究。追踪研究需要面向同样的总体,抽取同一部分样本,进行历年的追踪调研,每次追踪调研的时候都需要采用同样的测量方法。新闻传播学中著名的议程设置理论就是基于追踪研究而提出的。

议程设置理论的两位创始人马克斯威尔·麦库姆斯(Maxwell McCombs)和唐纳德·肖(Donald Shaw)在他们的第一个研究中,对新闻媒介的议程进行了内容分析,并且通过民意调查获得了公众议程,发现两者之间的相关系数高达0.97,进而推测媒介的议程影响了公众议程的形成。然而,其他学者对此假设提出异议,因为被比较的媒介议程和公众议程是在同一时点上收集到的,不能够满足因果关系的时间先后顺序,也有可能是媒介反映了公众所关心的问题,即公众议程影响了媒介议程。后来,两位学者重新设计了一个研究,采用固定样本分析,对227位公众的议程分别做了两次测量,并用"交叉滞后相关"(Cross-lagged Correlation)的分析方法,得到如图1-1所示的结果。在控制了同一时间点的公众议程和媒介议程的相关关系,以及两个时间点同一变量之间的关系之后,研究发现,时点1(6月)的媒介议程与时点2(10月)的公众议程的相关系数为0.51;而时点1的公众议程与时点2的媒介议程的相关系数只有0.19。因此,研究者有依据推断,两者之间因果关系的走向是从媒介到公众,而不是从公众到媒介。

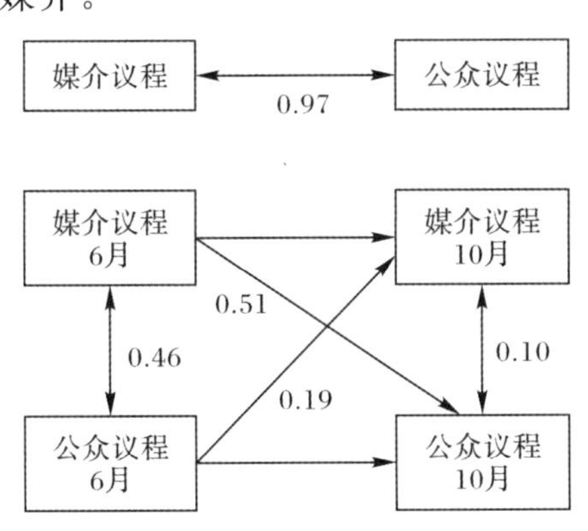

图1-1 议程设置理论的发展过程

总体来说,趋势研究注重某个议题长时间的变动,世代研究注重不同的世代在不同时期的变化,但是趋势研究和世代研究都没有办法进行因果判断,因为它们所研究的不是同一人群。追踪研究可以兼顾两者的优点,既可以追踪某一个议题或者变量随着时间的变迁而发生的变化,又可以确定变量之间的因果关系。

纵贯研究相对于截面研究来说,可以描述长期过程的信息,也可以确定变量之间的因果关联,它的缺点是要付出时间和金钱的代价,并且在做追踪研究的时候,会出现样本人数减损的问题。因此,纵贯研究是新闻传播学领域比较稀缺的研究方法。

第七节　分析单位与研究的层次

在社会科学研究当中，可以根据研究对象来确定研究的层次。研究对象指的是研究的客体，它包括个体、群体、组织、社区和国家。

个体是最基础的研究对象，社会是由相互联系的个体组成的，通过对个体的研究，可以概括出个体所组成的群体的特征。把个体作为分析单位或研究层次最为常见，尤其在问卷调查、实验研究、访谈、个案研究中。比如，母亲接受过大学教育的中学生，是否比母亲没有接受过大学教育的中学生更有可能考上大学？在这个例子当中，我们的研究对象是中学生，而不是“母亲”。又比如，大学生看新闻越多，是不是对社会的责任感就越强？研究对象是单个的大学生。如果我们要解决这个问题，最好的办法就是随机抽取一些大学生来做问卷调查，数据来自个体，因此研究对象也是个体。

第二个分析单位或第二个研究层次是群体。群体指的是人们通过某种社会关系被连接起来，进行共同活动和感情交流的集体，比如家庭、班级都属于群体的范畴。群体的特征是可以从成员的特征当中抽象出来的，但是群体特征和个体特征又不一样。比如，研究未成年人犯罪和未成年人犯罪团伙，就是个体研究和群体研究的差别。如果研究未成年人犯罪，那么研究对象是单个的个体，可以分析这些个体的性别、年龄、家庭情况、性格如何影响其产生犯罪行为。但是如果要研究未成年人犯罪团伙，那么就可以分析这些团伙的性别构成、年龄分布、规模。在得出结论的时候，要以团伙，也就是群体为分析单位。又比如，我们想知道平均年收入高的家庭是否比平均年收入低的家庭更有可能拥有笔记本电脑，那么研究单位就是家庭，但是家庭的年收入要通过家庭成员的年收入进行整合而获得，这就体现了群体和个体之间的关系和区别。

第三个分析单位或第三个研究层次是组织。组织是具有特定目标和正式分工的、结构严明的制度化群体，比如公司、学校、医院、媒体等。相对于群体来说，组织的规模更大，并且有严密的规章制度。在得出结论的时候，不能把分析单位降为群体或个体。比如，我们想研究不同所有制的互联网媒体的经营方式是否一样，那么研究单位就是互联网媒体，媒体是一个组织机构。又比如，我们想知道员工平均学历高的公司的经营状况是不是会更好，那么研究的对象是公司，而不是员工，研究层次就是在组织层面，而不是在个体层面。

第四个分析单位或第四个研究层次是社区。社区指的是一定地域中人们生活的共同体，比如街区、小区、小镇，甚至城市。我们经常会做社区特征的描述，或者社区之间的比较研究，比如，城市的互联网使用率比农村更高吗？研究对象就是城市和农村，它们都属于社区范畴。又如，外出打工者比较多的村庄，比外出打工者比较少的村庄，治安更稳定吗？这里研究的是村庄，而不是打工者。

第五个分析单位或第五个研究层次是国家。国家是最高层次的分析单位，经常用来进行跨文化研究。比如，欧洲国家比非洲国家更愿意接受互联网这种新媒体吗？在这里分析对象是国家，可以比较不同文化国家的互联网普及率的差异。分析的层次越高，能使用的分析单位也越多。比如，在做跨文化比较时，我们研究不同文化背景下的人们使用媒介产品的差异，就可以从国家层面的变量、城市层面的变量、家庭层面的变量和个体层面的变量来解释这种差异，那么就会用到国家、社区、群体、个体等多个层次的分析单位。

如果分析单位和研究层次出现错位，则会发生两种常见错误。第一种叫作区群谬误，又称为层次谬误或体系谬误，它指的是研究者用一个集群的分析单位收集数据资料，而用一个非集群的分析单位下结论。比如，选民平均年龄比较小的社区比选民平均年龄比较大的社区更倾向于投票给女性候选人，这是通过对多个社区的数据进行比较后发现的现象，我们不能下结论说，年轻人比老年人更有可能投票给女性候选人，因为在平均年龄比较小的社区，也有可能会有老年人投票给女性候选人。第二种错误叫作简化论谬误，指的是研究者用个体层面的数据资料，来解释宏观层次的现象。比如，调查100名来自甲市的游客和100名来自乙市的游客，发现甲市游客的平均收入明显高于乙市游客，于是认为甲市比乙市经济发达，这就出现了简化论谬误。

除以上几个层次之外，研究对象还涵盖了社会产品、社会事件、社会制度。社会产品在新闻传播学中特指媒介产品，比如广告、新闻、图书、杂志、游戏等。我们可以研究新闻中的立场与观点、广告里体现的性别差异、图书中呈现的价值观变化、游戏里体现的传统文化。社会事件包括发生在个人生活中的重大事件和社会层面的重大事件。个人生活中的重大事件往往会对一个人的价值观念和行为方式产生影响；而社会层面的重大事件也为新闻传播学研究提供了很多素材，比如我们经常会研究庆典仪式、集体行动、投票行为、突发卫生危机中的传播现象和媒介效应。还可以研究社会制度，包括社会层面的制度和组织层面的制度，比如可以研究媒体如何报道中国的生育制度、高考制度，以及这种报道框架和视角背后的社会因素。

第二章 新闻传播学研究中的测量

第一节 变量与测量

变量指的是具有一个以上不同取值的概念,这些概念有不同的范畴或不同的属性。根据变量之间的相互关系,可以把变量分为自变量、因变量,以及中介变量、调节变量等多种类型。那些引起其他变量变化的变量叫自变量,而那些由于其他变量的变化而导致自身发生变化的变量叫因变量。自变量可以说是原因变量,因变量可以说是结果变量。在实验研究中,自变量是实验者主动操控其变动的变量,也叫实验刺激,因变量则是受实验刺激影响而变动的变量。在实际研究中,常常还会出现这样的情况,同一个变量可能会在某种关系中作为自变量出现,而在另外一种关系中作为因变量出现。比如,观看某个商品的广告会影响人们对该商品的购买意愿,在这一对关系中,观看广告是自变量,购买意愿是因变量。而购买意愿越强的人,越有可能发生购买行为,在这对关系中,购买意愿是自变量,购买行为是因变量。把这三个变量连在一起,就会形成观看广告影响购买意愿、购买意愿影响购买行为的因果关系链。购买意愿就成为观看广告和购买行为之间的中介变量,中介变量在自变量与因变量的联系中处于二者之间的位置,表明自变量影响因变量的一种方式或途径。有时候我们还会碰到调节变量。调节变量出现在当自变量对因变量的影响取决于第三个变量时,比如,学习投入时间是否能够正向影响学习成绩,还取决于学习方法是否恰当,如果没有采用科学的学习方法,投入再多的时间,也不一定能让学习成绩提高。在这里,学习方法就是学习时间和学习成绩之间的调节变量。关于调节变量,在后续的章节中还会有详细介绍。

社会科学的研究过程中,我们要解决的第一个问题是对变量的测量。测量指的是根据一定的法则,将某种物体或现象所具有的属性或特征,用数字和符号表示出来的过程。测量的主要作用是确定特定分析单位的性质和水平。

社会科学的测量有一些要素。第一个要素是客体,指的是研究的对象,它包括各类分析单位,比如个体、群体、组织、社区、国家等。第二个要素是内容,指的是测量客体的某种特征,包括研究对象的属性、行为或价值观念。比如我们研究大学生的媒介使用习惯、老年人的社会资本,那么大学生、老年人就是测量的客体,媒介使用习惯、社会资本就是测量的内容。第三个要素是法则,指的是建立在概念化和操作化基础上的一套对对象属性进行测量的规则。比如测量收入水平,可以按照每个月获得的收入或每年获得的收入来测量一个人的收入程度。第四个要素是数字和符号,指的是在测量过程当中用来表示测量结果的工具,数字和符号的差异能够显示测量对象在性质、数量、类属方面的差异。

下面向大家介绍测量的层次。

第一层次的测量是定类测量，即将研究对象的不同属性或特征加以区分，标以不同的名称或符号，确定其类别，是一种基本的分类系统，比如性别、民族、地域。进行定类测量时应当注意分类的穷尽性和互斥性。穷尽性指的是分类系统要穷尽所有的可能；互斥性指的是类别之间的分野是清晰的，不能有交叉重叠。在分类测量中，常用数字代表类型，但数字并无数学意义。

第二层次的测量是定序测量，即按照某种特征或标准将对象区分为强度、程度或等级不同的序列，能够反映现象在高低、大小、先后、强弱等序列上的差别，比如教育程度、比赛排名。在进行定序测量时也常用数字来表示序列，但是这些数字是有大小强弱的意义的。

第三层次的测量是定距测量。定距测量不仅具有类别和等级的特征，可以确定现象之间不同等级的间隔距离和数量差别，数值可进行加减运算，比如温度、智商。但是，定距测量表示的零点不具有绝对零点的意义，温度为 0 不代表没有温度，代表的是一个比较低的温度。为了计算的方便，研究者们经常把表示态度序列大小的李克特量表也看作定距测量，常见的取值是从“非常不同意”，到“非常同意”。

第四层次的测量是定比测量。定比测量是最高层次的测量，具有前面三种测量的性质，除此之外，还可以确定现象之间不同等级的间隔距离和数量差别，可以进行加减乘除的运算，并且具有绝对零点。比如收入、出生率、离婚率、身高、体重都属于定比测量的范畴。定比测量可以转换为定距、定序或者定类测量，但一般情况下，我们不做这样的转换，因为定比测量是精度最高的测量，如果将定比测量转换成其他类型的测量，相当于将精细的测量变成了粗糙的测量。

第二节　概念化定义与操作化定义

概念化定义与操作化定义是测量的两个非常重要的步骤。概念是建立在对具体事物抽象基础上的、对某类事物的一致性的认识。人们由对概念认识的分歧，经过讨论，最后达成一致，形成对概念的具体界定，这个过程就是概念化的过程。简而言之，概念化就是通过学术讨论，对某一个概念形成一致性的看法和认知。

很多学者对社会资本感兴趣，布尔迪厄、普特南、林南、边燕杰等学者对社会资本进行了不同的界定，虽然他们给出的具体概念有所差异，但是都有一个一致的内核，那就是社会资本指的是嵌套在人际关系中的社会资源。那么究竟如何来衡量不同的人的社会资本的大小呢？这里就牵涉到操作化定义的问题。概念化定义往往是比较抽象的，很难进行直接的观察和测量，因而也无法进行比较和计算。我们需要根据抽象定义演绎出相互联系的、可以具体操作或测量的具体指标或经验现象，这些能够反映或至少能够部分反映概念抽象定义或理论定义的具体指标或经验现象，就被称为操作化定义。为抽象的理论概念寻找具体的测量指标的过程，就是对概念的操作化过程，这个过程需要建立一套在经验上可以把握观察或可以询问的指标。

操作化定义是学术研究中非常重要的一个环节。首先，它可以确定研究的范畴，使研究者思考清晰而具体的问题，防止由于概念定义的模糊而导致的研究偏误，并且可以增加研究者之间的沟通，不会因为他们对概念的不同理解而产生误解。其次，它可以帮助我们在建立测量指标的基础上提出问题、收集资料。

刚刚介绍了社会资本的概念化定义，那么社会资本究竟如何测量？威廉姆斯(Williams)在 2006 年的量表被引用的次数很多，体现了在社会资本当中的桥接型资本和连接型资本①。一些中国学者经常会用核心讨论网或者拜年网来测量社会资本，研究在人们的日常生活里，核心的社会关系中人际关系的性质、类型和强弱。

究竟如何来进行操作化呢？有下面一些步骤。第一个步骤是列出概念的维度，也就是说，我们要测量这个概念的哪些方面。比如我们要测量妇女的社会地位，就可以把社会地位分为政治地位、经济地位和教育地位三个维度。第二个步骤是对每一个维度建立可以直接测量的指标，这些指标可以是客观指标，也可以是主观指标。比如，教育地位可以分为女性人口的识字率、平均学龄，各级各类女性学生的在校人数等指标。这些指标都是可以直接测量的，这些指标从何而来呢？一般来说有两种途径。第一种途径是借助前人已有的指标，参考一些已经建立好的成熟量表，这些量表一般都经过了严格的信效度检验。当然，很多量表都不能直接照搬照抄。第二种途径是根据自己研究的对象、研究的领域和社会环境，对量表进行一定程度的调整。当我们没有找到成熟量表的时候，可以尝试着独立展开探索性研究，设计新的指标体系。

有了这些指标之后，就可以进行量表的设计。常见的量表有如下两种。第一种是总加量表，这种量表的答案选项是“是、否”或者“有、无”两项，选“是”或“有”的话就记 1 分，选“否”或“无”的话就记 0 分，加总起来就可以反映一个人在该量表上的得分。第二种是李克特量表，它由一组对事物的态度和看法的陈述组成，将人们的态

---

① WILLIAMS D. On and Off the Net：Scale for Social Capital in an Online Era[J]. Journal of Computer-Mediated Communication，2006(11)：593 - 628.

度差别分为几个类别，分别赋予分值，每个被调查者的态度总分就是他对各道题的回答所得分的加总。

总加量表和李克特量表的设计程序是非常类似的。首先可以根据所要测量的内容或变量，设计大量与之有关的问题，然后初步筛选出一组问题作为量表的草案，确定好研究问题的类别和计分的标准。然后在总体中选择一部分对象进行试调查，统计每位受测者在每条陈述上的得分以及在全部陈述上的总分，再来计算各个题目的分辨系数。分辨系数指的是一条语句或陈述是否能够区分出人们不同的态度。如表 2－1 所示，有 16 个被试对 10 个问题进行了回答，每个问题的取分是 1 分到 5 分，我们算出每个被试答题的得分总分，把总分最高的 25％的人排在最上面，把总分最低的 25％的人排在最下面。然后计算每一个群体在每道题上的得分平均数，比如总分最高的 25％的人在第一题上的平均得分是 4.5 分，而总分最低的 25％的人在第一题上的得分平均分是 2 分，那么用 4.5 减去 2 就得出第一道题的分辨力系数是 2.5。依此类推，可以计算出每一道题的分辨力系数，分辨力系数越低，说明这道题的分辨能力越弱，不能区分不同的人群，所以它对我们的研究来说意义不大。这样我们可以删去分辨能力不高的题目，保留分辨能力较高的题目来组成正式的量表。

表 2－1　分辨力的计算

被调查者题目		1	2	3	4	5	6	7	8	9	10	个人总分
总分最高的25％	被试 1	4	3	5	4	5	5	5	5	5	2	43
	被试 2	5	5	5	4	3	5	4	3	5	3	42
	被试 3	5	3	4	2	4	5	3	5	5	3	39
	被试 4	4	2	5	3	3	4	4	5	4	4	38
总分居中的50％	被试 5	2	4	4	3	3	5	4	5	3	3	36
	……											
	被试 12	3	3	3	2	4	4	2	3	2	2	28
总分最低的25％	被试 13	3	2	3	2	1	4	1	4	2	4	26
	被试 14	1	3	2	3	3	2	4	2	1	5	26
	被试 15	2	1	3	3	1	4	3	2	1	3	23
	被试 16	2	1	2	5	2	3	2	3	1	1	22
总分最高的 25％人的平均分		18/4＝4.5	3.25	4.75	3.25	3.75	4.75	4	4.5	4.75	3	40.5
总分最低的 25％人的平均分		8/4＝2	1.75	2.5	3.25	1.75	3.25	2.5	2.75	1.25	3.25	24.25
分辨力系数		2.5	1.5	2.25	0	2	1.5	1.5	1.75	3.5	－0.25	16.25

除总加量表和李克特量表之外，有时候还会用到累积量表。累积量表的各条陈述中含有严格的逻辑关系，这种逻辑关系可能由强变弱，或者由弱变强，被试对上一条陈述的回答决定了他或她对下一条陈述的回答。比如：请问你是否赞成下列说法？第一个说法是：电视剧中的不良情节对社会有害无益。第二个说法是：不应该让儿童观看有不良情节的电视剧。第三个说法是：电视台不应该播放有不良情节的电视剧。第四个说法是：政府应该禁止电视台播放有不良情节的电视剧。这四条陈述对电视剧不良情节的反对态度是由弱至强的，如果我们对第四题选择了赞成，那么对前三题往往也会表示赞成，因为第四题表达了对电视剧不良情节最严厉的态度。这就是累积量表，题目的选项之间有着明显的逻辑关系。有时候我们还会使用语义差异量表，这种量表由处于两端的两组反义形容词组成，每对反义词中间分为若干等级，可以赋予不同的分值，一般要求被试有较高的文化水平。

第三节 测量的信度与效度

当设计完量表之后，还需要通过实证数据来检验量表的信度与效度。

信度反映了测量的可靠性，指的是采用同样的方法，对同一对象重复进行测量时，所得结果相一致的程度，它强调测量结果的一致性和稳定性。

信度又可以分为多种类型。第一种叫作再测信度，指的是对同一对象采用同样的方法，测量两次后两次结果之间的稳定性。比如，用同一套试卷对同一个班级进行两次测量，如果两次测量之间的相关性比较高，就可以说这套试卷具有良好的再测信度。可能影响再测信度的干扰因素是前后两次测量之间发生的某些事情、某些活动，这些事情或活动可能会导致后一次测量的结果在客观上发生改变，所以选择一个比较合适的测量间距，对于再测信度来说是比较重要的。两次测量间距的长短往往要依据测量对象的性质来确定。如果测量的变量相对来说比较稳定，那么测量间距可以长一点；如果测量的变量相对来说比较活跃或对时间比较敏感，那么测量间距就应该短一点。

第二种信度叫作副本信度，指的是同一群研究对象同时接受两个副本测量所得的分数之间的关联，如果关联性强，则说明副本信度高。所谓副本，是指两套在难度、内容、题量、题型等方面基本一致的不同指标，就好像老师在进行考试命题时，要出 AB 卷，A 卷用来正式考试，B 卷作为备用的试卷。如果有同学缓考补考，就可以使用 B 卷。副本信度的难点在于如何设计副本，尤其要把握两套副本之间难度的一致性。

第三种信度叫作折半信度，指的是按测量项目的单双号，或者根据随机原则将量表中的所有题项分为两组，计算出两组分数之间的相关系数，也就是折半信度。

如果相关系数很高，说明这个量表具有良好的折半信度。折半信度要求两个部分的项目的确在测量同一个事物或概念，所以有时候我们会看到在一些量表当中，一个指标会用不同的语句来表达，甚至故意用相互矛盾的语句来表达，但这些语句却涉及同一个事情或观点，这样的设计方法就有助于我们计算折半信度。

第四种信度叫作编码员信度，包括编码员内在信度和编码员之间的信度，主要应用于内容分析法，在后面有关内容分析的章节中将向大家详细介绍。

信度涉及测量的可靠性、稳定性，效度则涉及测量的有效度或准确度，它指的是测量工具或手段能够准确测出所要测量变量的程度，或者能够准确真实地度量事物属性的程度。打个比方，如果我们用一个英文的 IQ 量表来测大学生的智商，可能就存在效度问题，因为很有可能我们测出来的是大学生的英文水平，而不是他们的智商。

效度也可以分为多种类型。第一种效度叫作表面效度，有时候也叫作逻辑效度或内容效度，指的是测量内容或测量指标与测量目标之间的合适性或逻辑相符性，也可以说是测量所指的项目是否“看起来”符合测量的要求。比如，如果我们用职业、收入、教育程度、性别、婚姻来测量工作成就，那这五个指标是不是看起来符合逻辑效度呢？细心的读者很快就能发现，性别和婚姻其实与工作成就是没有关系的，所以用这两个指标来测量工作成就是不合适的。

第二种效度是效标效度，又叫作准则效度，指的是用一种新的测量方式或指标对同一事物进行测量时，将原有的测量方式或指标作为效标或准则，用新的方式或指标所得的结果与原有效标的结果做比较，如果二者具有相同的效果，那么就说明这种新的测量方式或指标具有效标效度。计算效标效度的难点在于对效标的确定，效标必须能够全面反映概念的重要维度，并且是客观、稳定、可靠的。效标效度的意义在于随着社会现象的变化，当原来的测量难度比较大时，可以发展成为更为简单方便的测量方法。比如，用实际高考成绩与模拟高考试题得分之间的相关性来检验高考模拟试题的有效性，高考就成为模拟考试的效标。又比如，我们如果认为一个量表过于冗长和复杂，会令填答者产生厌烦心理，导致问卷调查的质量不高、难以收集到足够的样本，那么就可以考虑设计一个更为简洁的量表。在检验这个新量表的效度时，可以以原来的量表作为效标，如果使用这两个量表测量的结果具有较强的一致性，就说明新的量表具有良好的效标效度。

第三种效度是构造效度，又叫作结构效度或理论效度，是通过概念或命题之间的内在关系，观察测量指标对于一个理论概念的作用，也就是说，这样一组测量是否能够从经验上建构或证明一个理论。比如，智力理论认为人的智商受到年龄和学习的影响，那么我们可以开发出一套智商量表，然后使用这个量表来进行大规模的问卷调查，同时询问被调查者的年龄和学习经历。如果发现随着人们年龄的增长，智商也在增长，而且智商会受到学习的影响而提升，那么就能够证明我们开发的智商量表有助于建构智力理论，具有构造效度。构造效度又可以细分为聚合效度和区别效度。聚合效度是指当测量同一构念的多重指标彼此间聚合或有关联的情况，或者当我们采用不同的指标测量同一个构念的时候，这些指标之间的相关程度。区别效度是指如果我们的测量工具是为测量某一个构念而设计的，那么它测量的结果应该与测量其他构念的工具测量的结果之间关联较低。

第四种和第五种效度是内在效度和外在效度。内在效度指的是一组指标对一个概念测量的有效程度，它往往体现在指标是否足够。如果一组指标中缺失了重要的组成部分，那么就意味着缺失了对这个概念重要的建构指标，内在效度就会有问题。外在指标指的是一组指标对一个概念的测量是否适用于其他群体。比如，我们开发出来的针对大学生的测量指标是否适用于公务员群体或农民工群体呢？如果不能适用的话，那就说明它的外在效度是有问题的。

信度和效度之间存在何种关系？一方面，效度必须建立在信度的基础上，没有信度的效度是不可靠、不可信的，也就是说，没有稳定性的准确性，它往往是偶然的，就好像我们在打靶训练当中，只是偶然打中一次靶心，不能说明是神枪手，因为这一次的“效度”是不稳定的，不具有信度。另一方面，任何测量都必须要有效度，没有效度的测量，即使信度再高也是没有意义的。这就好像我们在打靶训练当中，如果永远都打不中靶心，即便我们每次都发挥得很稳定，这种稳定也是没有价值的。

» 第三章

常用的统计术语

第一节 描述性统计及常用的统计术语

描述性统计最主要的功能是将表面上杂乱无章的一堆数据清楚地、精简地呈现出来。为了更概括地浓缩数据资料，可以用描述分布的一些统计量来表示。这些统计量分为三类，分别描述分布的中心趋势、分布的伸展程度以及分布的形状。

一、分布的中心趋势

分布的中心趋势根据变量性质的不同，常用三种统计量来描述：平均数、中位数及众数。平均数是使用最普遍的中心趋势度量，一组观测值的平均数就是它们的算术平均值。只有当观测变量是定距变量或定比变量时，计算平均数才有意义。中位数是描述分布中心趋势的另一种典型的度量。中位数是“最中间的数”，也就是说，要找到一个数，使得有一半的观测值比它小，一半的观测值比它大，这个数就是中位数。严格来说，众数并不能算是分布的中心，它表示一组观测值中出现次数最多的值，当然这个值可能是数字，也可能是用文字表示的类别或代码。众数只是发生最频繁的值，这个值可能离分布的平均数或中位数很远；众数也可能不止一个。

如果某变量 X 观测值的分布是对称的和单峰的，那么该分布的平均数、中位数和众数应该是相同的。否则，这三个数是分离的。在偏斜的分布中，中位数和平均数可能相差很远。例如有关收入的分布，由于有少数人的收入非常高，会将平均数拉高，这时再采用平均数来描述分布的中心就没有实际意义了。因此，对于分布中有少数极端值存在或分布严重倾斜时，最好采用中位数而不是平均数来描述分布的中心。但是当分布比较有规律时，采用平均数则优于中位数，因为平均数是较为稳定的统计量，个别观测值的微小变动对平均数造成的影响会小于中位数和众数。

二、分布的伸展程度

平均数、中位数和众数能够反映分布的中心趋势，但不能反映数据的分布情况，因此还需要有关分布伸展程度或数据的散布程度的统计量，主要有极差、四分位数差、方差和标准差。

1. 极差(Range)

极差是描述分布的伸展程度最简单的统计量之一，也就是观测数据的最大值和最小值之间的差。虽然极差可以反映数据的分布范围，但是没有给出关于分布中间部分如何变化和分布的任何信息，因此我们常用其他统计量来描述数据的具体分布情况。

2. 四分位差(Interquartile Range)

四分位差是指一组数据中,上四分位数和下四分位数的差值。将全部观测值按从小到大的顺序排列,用三个数将观测值分成四部分,每一部分都包含25%的数据,这三个数就分别叫作第一四分位数、第二四分位数和第三四分位数,分别记作 Q_1、Q_2 和 Q_3。显然,第二四分位数 Q_2 就是中位数。有25%的观测值小于 Q_1;有25%的观测值大于 Q_3;Q_1 和 Q_3 给出了中间一半数据的范围。四分位差表示的是 Q_1 和 Q_3 之间的距离。

3. 方差(Variance)和标准差(Standard Deviation)

在统计描述中,方差用来计算每一个变量与总体均数之间的差异。总体的方差是将各数据与平均数的差加以平方,然后求和,再除以数据总个数,最后所得的商。标准差是方差的算术平方根,表示观测值与平均数相离有多远。标准差的大小体现了观测值伸展的扁平程度,标准差越大,分布就越扁平;反之,分布就越集中。

三、分布的形状

除描述分布的中心和分布的伸展程度外,对于定比或定距变量的观测数据的分布,还常常需要考虑它们的形状,常用的方法是将观测数据的分布与一种标准的分布相比较。常被用于比较的标准分布是一种单峰的、铃状的、对称的分布,叫作正态分布或高斯分布。正态分布是一种常见的连续型随机变量的概率分布,对很多自然现象、经济现象和社会现象的研究都离不开正态分布,例如人类的身高和体重、人类的智商、学生的考试成绩等都近似地服从正态分布。

对分布的描述,可以通过两个指标实现,一个是斜度,一个是峰度。斜度也叫作偏度。一个分布如果是不对称的,即一端的观测值个数多于另一端时,则称该分布为偏斜的。斜度描述分布的偏斜程度和方向:如果分布是对称的,斜度为零;如果偏向左边,即“长尾巴”指向大的值,则称正偏,斜度为正值;如果偏向右边,即“长尾巴”指向小的值,则称负偏,斜度为负值。当分布接近正态时,斜度趋近于零。根据标准差的大小,可以得到观测值落入某个范围的概率。

分布形状的另一特征用峰度来表示。峰度描述观测值聚集在中心的程度:如果观测值的中心聚集度与正态分布相同,或分布的形状与正态曲线的形状相同,则峰度为零;如果聚集度大于正态分布,即分布比正态曲线更陡峭,峰度为正;如果聚集度小于正态分布,即分布比正态曲线更平缓或扁平,峰度为负。

正态分布中最简单的是标准正态分布,也简称为 Z 分布。它是均值 $\mu=0$、标准差 $\sigma=1$ 的正态分布。要想计算 Z 值在某一范围内的概率,也就是计算相应范围内概率分布曲线下的面积,可以借助于统计学家已经制作好的"标准正态分布累积概率表",查表得出答案。

以图 3－1 为例,假设 a 是区间(1,2)内的任意一个数值,我们想知道当标准差大于 a 时的分布概率。通过查阅标准正态分布累积概率表可知,当标准差为 a 时,累积概率值近似为 $N(a)$,那么,阴影部分面积即表示当标准差大于 a 时的分布概率为 $1-N(a)$。需要注意的是,正态曲线下的总面积为 1,代表全概率。

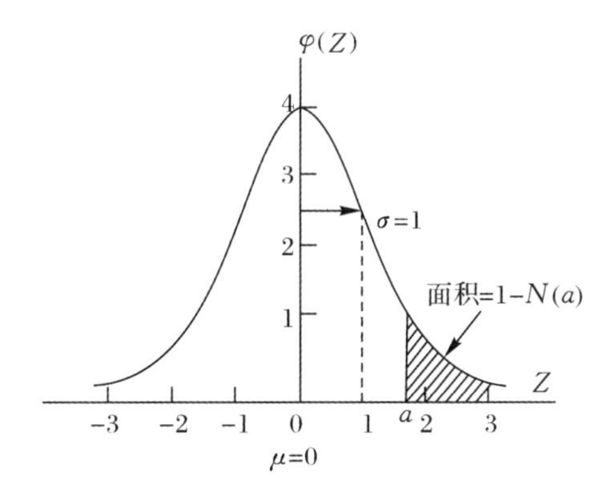

图 3－1 标准正态分布

一般来说,正态随机变量可以有各种不同的均值 μ 和标准差 σ,但它们和服从标准正态的变量一样,都有着铃状的分布曲线,因此任何正态变量都可以转换成标准正态变量,那么所求概率也可以像前面所讲的那样查表读出来。根据统计,大约有68%的数据,落在平均值加减一个标准差的范围内;大约有 95%的数据,落在平均值加减两个标准差的范围内;大约有 99.7%的数据,落在平均值加减三个标准差的范围内。具体如图 3－2 所示。

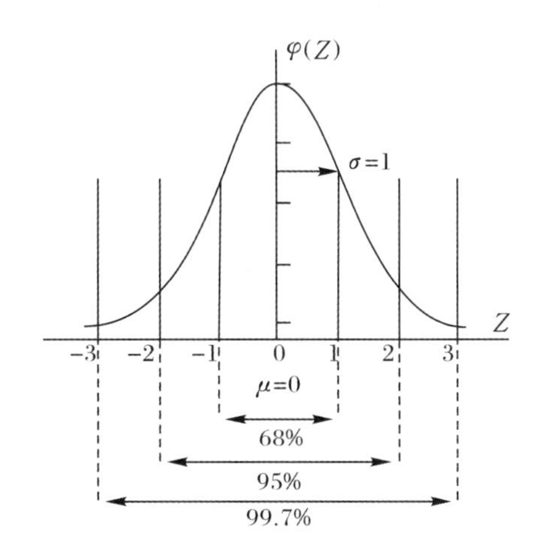

图 3－2 标准正态分布的"68-95-99.7 法则"

我们来总结一下正态分布的几个特点：第一，只要给出了平均值和标准差，对应的正态分布就会确定；第二，平均值决定了分布的中心，它位于正态曲线的对称中心；第三，标准差决定了分布的形状，在任何正态分布中，刚刚我们说的“68－95－99.7法则”都近似成立。

第二节　推断性统计及常用的统计术语

推断性统计指的是根据调查样本所得的数据资料，对这些资料进行总体估计和推断，它主要依据概率和概率分布的理论。

一、总体与样本

总体与样本是统计学中最基本的概念。总体指的是所研究对象的全体，是全部单位或元素，这些单位或元素可以是个人、群体、组织，甚至是社区，一般总体的数量用大写字母 N 来表示。比如研究的对象是中国人，中国人的总体就是经过全国人口普查后得到的总人数。由于总体往往十分巨大，并且难以进行精准测量，因此我们常常按照某种方法，从总体当中抽取部分个体或者单位来进行研究。这部分个体或单位构成了研究的样本。换而言之，样本指的是从总体当中按一定的方式抽取出来的部分元素的集合。按照概率论，样本是可以代表总体的，样本的数量一般用小写字母 n 来表示。

二、参数值与统计值

参数值也叫作总体值，它是总体当中所有元素的某种特征的综合数量表现，比如中国人的平均收入，就是一个参数值。与参数值相对应的是统计值，也叫作样本值。它是关于样本中所有元素的某种特征的综合数量表现。比如，由于中国人口数量非常巨大，我们难以调查到每个人的年均收入，于是我们从中国人当中抽取一部分样本来进行调查。这一部分样本的年均收入，就是我们所说的统计值。

参数值和统计值有一些非常重要的区别。首先，参数值往往是确定不变的、唯一的，并且通常是未知的，而统计值则是变化的。其次，对于同一个总体来说，不同的样本所得到的统计值是有差别的。而对于任意一个特定的样本来说，统计值是已知的，或者说是可以通过计算得到的。

三、参数估计

统计推断是指根据样本所得的数据资料来对总体的情况进行估计和推断。统计推断的第一种重要方式是参数估计,也就是通过样本的统计量来估计总体参数。参数估计的一种重要方式是区间估计,涉及置信度和置信区间两个概念。区间估计指的是在一定的可信度下,用样本统计值的某个范围来估计总体的参数值。范围的大小反映的是这种估计的精确性问题,又称置信区间;而可信度高低反映的则是这种估计的可靠性或把握性问题,又称置信度。置信度可以这样来理解:如果从总体中重复抽样 100 次,约有 95 次所抽样本的统计值的某个区间中都包含总体的参数值,那么就说这个区间估计的置信度为 95%。

举个例子,我们想知道中国大学老师的平均工资,那么所有大学的老师就是一个研究的总体,他们的平均工资就是我们想获得的总体值,但获得这个总体值是非常艰难的。于是我们采取了抽样的方法,在全国的各个大学通过随机抽样的方法获得了 5000 位老师的平均工资,希望用这 5000 位老师的平均工资来预测全国大学老师的平均工资。

从全中国的大学老师中随机抽 5000 名,有无数种抽样的可能性,每一种抽样都可以得到一个特定的统计值,所有这些统计值就能构成一个区间。如果我们发现,在 95%的情况下,大学老师的月平均工资为 8000~20000,那么,95%就是置信度,8000~20000 就是置信区间。

我们总结一下,置信区间指的是用样本的统计量构造一个区间去估计总体参数的范围,置信度指的是总体的参数值落在样本统计值某一区间内的概率,置信度反映的是推论的可信性或可靠性,而置信区间反映的是推论的准确性。从精确性出发,要求所估计的区间越小越好;但从可靠性出发,又要求所估计的区间越大越好。因此,人们总是需要在这二者之间进行平衡和选择。

回到刚才的例子,从全国的大学老师中随机抽 5000 名,有无数种抽样的可能性,每一种抽样都可以得到一个特定的统计值,所有可能样本的平均值构成的概率分布,就是样本平均值的抽样分布。抽样分布显示从一个总体中不断抽取样本时,各种可能出现的样本统计值的分布情况。当样本容量增加时,样本平均数的分布变化趋势会呈现如下特点:平均数的范围将逐步缩小,相同的平均数会相应增多,全部平均数的分布会向总体平均数集中,随着样本数的增加,抽样分布越来越趋向于一个正态分布。

概括起来,样本平均值的抽样分布有如下几个特点。第一,抽样分布的中心就是原总体的中心,也就是说,抽样分布的平均值会接近总体的平均值。第二,抽样分布的标准误比原总体的标准差要小,而且样本量越大,标准误越小。第三,当总体服从正态分布时,抽样分布是正态的;不过对于非正态的总体,随着样本量的增加,它的抽样分布也接近于正态。

四、假设检验

统计推断的第二种重要方式是假设检验。假设检验也称为显著性检验，目的是根据样本所提供的信息，推断对有关总体参数的某个断言或假设的不利证据。在假设检验中一般先假设差异或效应不存在，也就是说，提出一个没有差异或没有效应的零假设，有时候也叫作原假设或虚无假设，用 H_0 表示。同时提出一个我们希望可以取代零假设的正确叙述，叫作对立假设或备选假设，用 H_1 表示。然后，利用概率值 p 来判定否定零假设的证据到底有多强。概率值用 p 表示，如果零假设为真，检验得到某个统计值或更极端结果出现的概率，p 值越小，说明得到某个样本统计值的概率越小，那么拒绝零假设的理由就越强大。那么到底如何来判断 p 值的大小呢？一般我们会将 p 值和一个事先确定的固定值进行比较，这个固定值叫阿尔法（α），称为检验水平或显著性水平，通常取 α 等于 0.05 或 0.01。如果 p 小于等于 0.05，则拒绝零假设；如果 p 大于 0.05，则不能拒绝零假设。

这里举一个例子。2022 年的北京冬季奥运会的直播吸引了很多电视观众，假设我们想知道男性观众和女性观众收看冬奥会的情况是否有差异，于是在冬奥会期间，针对广州市民做了一次问卷调查。样本中 250 名男性平均每天收看冬奥会的时间为 45 分钟，标准差为 15 分钟；190 名女性平均每天收看冬奥会的时间为 33 分钟，标准差为 14 分钟。那么推论到总体，男女的收看时间之间是否有统计上的差异呢？虽然 45 分钟要大于 33 分钟，但这种差异可能是因为本次抽样的偶然因素而引起的，并不能够代表广州市民这一个总体中的男女收看时长差异，所以我们需要进行统计推断。

首先，列出零假设 H_0：广州市民中男性和女性收看冬奥会的日平均时间没有差异。

其次，列出对立假设 H_1：广州市民中男性和女性收看冬奥会的日平均时间有差异。

再次，我们计算出在零假设为真时，男性和女性差异的 t 值，并通过查表，得到出现这个 t 值的概率。这个概率就是 p 值，如果 p 小于 0.05，我们就说，得到这个特定 t 值的概率很小，因此，要拒绝零假设，也就意味着通过样本数据，我们可以推断，男性收看冬奥会的时间和女性收看冬奥会的时间是有显著差异的，这个差异在统计上是有意义的。

这就是一个假设检验的简单例子，在后面的章节中，大家还会多次接触到。

» 第四章

随机控制实验

第一节 什么是因果效应？

辨认变量间的因果效应是科学研究最重要的任务之一。辨认因果效应不仅可推动理论发展，同时也影响商业运行和政策制定。比如，“吸烟危害健康”就是一个涉及全球医学专家、烟草商、公共卫生官员的重要问题。再如，在写作本书时，新冠肺炎疫情还没有得到完全控制，在那时，一个大家都非常关心的问题是：打疫苗能预防新冠病毒吗？这个问题本质上是一个因果效应问题——“打疫苗”是因，“预防新冠病毒”是果。

新闻传播学作为一门社会科学，也有很多因果效应问题，比如新闻报道能告诉民众去关注什么议题吗？玩暴力游戏会使玩家更具有攻击性吗？使用社交媒体能增加使用者的线下社会资本吗？具体来说，过往研究发现，社交媒体的使用和桥接社会资本呈显著正相关，$r=0.32$[①]。这个结果表示，平均来讲，当社交媒体的使用增加，使用者的桥接社会资本也会增加。但这个结果并不表示，平均来讲，社交媒体的使用能增加使用者的桥接社会资本。前一个诠释是一个关于“相关”的陈述，后一个诠释是一个关于“因果”的陈述，而我们都知道，相关是因果的必要不充分条件。也就是说，两个互为因果的变量之间必然相关，但两个变量相关并不意味着它们构成因果。具体来讲，建立A导致B(即A是B的因，B是A的果)需要满足三个条件：①A和B相关；②A发生在B之前；③没有第三个变量能解释A与B之间的相关，也就是没有混淆变量。

在我们的例子中，Liu等人为条件①提供了证据，即社交媒体使用和桥接社会资本这两个变量之间显著(正向)相关。但是，大部分先行研究不能确定这两个变量发生的先后顺序，即是否社交媒体使用在前、社会资本增加在后；因为也有可能是，人们在线下结交了新朋友后，再去与这些新朋友在社交媒体上互动。在这种情况下，社会资本增加是因，社交媒体使用是果。关于条件③，即确保没有混淆变量的存在，先行研究或多或少都控制了与社交媒体使用和桥接社会资本同时有关系的变量(如性格特征)。但是，观测研究无法控制所有潜在的混淆变量，总有一两个变量，研究者要么忘了测量，要么无法测量，而这些被忽略的变量有可能部分甚至完全混淆了A和B之间的相关，导致条件③不成立，研究者也就无法确立A和B之间的因果关系。

---

① LIU D, AINSWORTH S E, BAUMEISTER R F. A Meta-analysis of Social Networking Online and Social Capital[J]. Review of General Psychology, 2016(20): 369 - 391.

这个“三条件框架”很有用，很多教科书中都有介绍，但这个框架有一个重大缺陷：它告诉我们相关不一定是因果，但没有告诉我们什么是因果，也就是没有对“因果效应”这个概念做出严格定义。当一个概念没有严格定义，科学家就无法研究它、使用它，这个概念也就失去了科学价值。幸好，唐纳德·鲁宾(Donald Rubin)等人在潜在结果(Potential Outcome)这个理论框架下对因果进行了定义，而这个潜在结果框架至今仍深刻地影响着医学和社会科学的研究①。

要理解潜在结果框架，我们要先理解什么是因果问题。简单来说，因果问题就是“如果……会怎么样”问题(What-if Questions)。我们之前提到，在新冠疫情期间，一个重要的问题是打疫苗能否预防新冠病毒。这个问题实际是一个“如果……会怎么样”问题：如果“我”打了疫苗，还会不会得新冠肺炎？而这个问题包含了一个比较，即“如果我打了疫苗，我得新冠肺炎的概率会有多高”与“如果我没打疫苗，我得新冠肺炎的概率会有多高”之间的比较。这个比较的结果，就是打疫苗对“我”得新冠肺炎的概率的因果效应。更具体地说，在这个例子中，打疫苗和没打疫苗是发生在同一个体身上，且是发生在平行宇宙中的事件。在一个宇宙中，“我”在 2021 年 5 月 25 日上午 11:55 打了疫苗；而在另一个宇宙，“我”在同一天、同一时间没有打疫苗(也没有任何其他事情发生，如接触疑似病例)。那么，在这两个宇宙中，“我”的感染新冠病毒的概率就完全取决于打了疫苗与否，没有任何其他因素能解释“我”在这两个宇宙中感染新冠病毒的概率的差异。打疫苗对“我”得新冠肺炎的概率的因果效应也就被辨认出来了。

学者想要研究社交媒体的使用对桥接社会资本的效应，实际上也是在比较两个“如果……会怎么样”问题的结果，亦即比较两个潜在结果的差异：如果“我”每天使用社交媒体 5 个小时，与如果“我”每天使用社交媒体 0 个小时相比，“我”的桥接社会资本会增加多少？当然，社交媒体的使用应该是一个连续变量，但我们为了方便讨论，将其变作一个二值变量；潜在结果的思路，对连续变量和二值变量同样适用。现在，我们定义这一个二值变量 D，0＝控制组，比如不使用社交媒体；而 1＝处理组，比如每天使用社交媒体 5 个小时。我们再定义一个结果变量 Y，即我们实际观测到的结果，比如人们在使用或没有使用社交媒体后的实际被观测到的桥接社会资本。我们接着定义两个潜在结果变量——$Y(1)$和 $Y(0)$。其中，$Y(1)$表示如果 $D=1$ 时，Y 的取值，而 $Y(0)$表示如果 $D=0$ 时，Y 的取值。值得注意的是，$Y(1)$和 $Y(0)$是两个潜在结果变量，也就是当研究者全知全息时对结果的完美预判，至于 $Y(1)$和 $Y(0)$是否能被观测到，则取决于 D 的取值。当 $D=1$，$Y(1)$能被观测到，成为 Y，而 $Y(0)$就是$Y(1)$的

① IMBENS G W, RUBIN D B. Causal Inference for Statistics, Social, and Biomedical Sciences: An Introduction[M]. Cambridge University Press, 2015: 24.

反事实(Counterfactual)，也就是不可能被观测到的事实；同理，当 $D=0$，$Y(0)$能被观测到，成为 Y，而 $Y(1)$是 $Y(0)$的反事实。表 4－1 反映了观测值 Y，潜在结果变量和反事实之间的关系。

表 4－1 观测值、潜在结果和反事实

Group	Y(1)	Y(0)
Treatment($D=1$)	Observed as Y	Counterfactual
Control($D=0$)	Counterfactual	Observed as Y

有了以上定义，我们就能定义因果效应了。对于某一个体 i，我们有$\delta_i=Y_i(1)-Y_i(0)$，δ_i就是处理变量 D 对个体 i 的因果效应。换言之，个体因果效应就是该个体的两个潜在结果之差。尽管我们每个人很关心自己的个体因果效应，但科学家更关心一个处理变量(如接种疫苗)对一个群体(如所有中国公民)的因果效应。因为每个人都有一个个体因果效应，所以 D 对研究总体的因果效应就是所有个体因果效应的数学期望(可以理解为“平均数”)：

$$E[\delta_i]=E[Y_i(1)-Y_i(0)]=E[Y_i(1)]-E[Y_i(0)]$$

$E[\delta_i]$又被称为平均处理效应(Average Treatment Effect，ATE)，而 ATE 就是科学家们通常所说的因果效应。

第二节　如何推断因果效应？

我们在上节介绍了潜在结果框架，并在这个框架下定义了因果效应，即：

$$ATE=E[\delta_i]=E[Y_i(1)]-E[Y_i(0)]$$

实际上，美国诗人罗伯特·弗罗斯特(Robert Frost)的一首诗《未选择的路》非常优美地概括了潜在结果框架的核心思想。这首诗的一小节写道：“一片树林里分出两条路——而我选择了人迹更少的一条，从此决定了我的一生。”诗中的“两条路”可以看作是某一处理变量的两个潜在结果 $Y(0)$和 $Y(1)$。诗人说他“选择了人迹更少的一条，从此决定了我的一生”。这就正如我们在研究中无法同时观测某一被试的 $Y(1)$和 $Y(0)$：当 $D=1$ 时，我们仅能观测 $Y(1)$；当 $D=0$ 时，我们仅能观测 $Y(0)$。也就是说，当研究者将被试分配到了处理组或控制组，或是被试自我选择进入处理组或控制组，这位被试在这项研究里的“命运”也就被决定了。

无法同时观测某一被试的 $Y(1)$和 $Y(0)$，可以用以下公式表达：

$$Y=DY(1)+(1-D)Y(0)$$

从以上公式不难看出，当 $D=1$ 时，$Y(1)=Y$，$Y(0)$ 被消去；当 $D=0$ 时，$Y=Y(0)$，$Y(1)$ 被消去。这个就是因果推断的根本问题，也是为什么这个领域叫“因果推断”，不叫“因果观察”。我们以一个例子进行说明。现定义 $D=1$ 为高社交媒体使用，$D=0$ 为低社交媒体使用，Y 是用 7 分量表测量的社会资本，数值越大，社会资本越多。我们假设研究者全知全息，因此知道以下每个被试的两个潜在结果的取值，如表 4－2 所示。

表 4－2　社交媒体使用和社会资本的潜在结果

被试(Respondent)	Y(0)	Y(1)	D	Y
小张	4	5		
小王	3	5		
小李	7	4		
小陈	2	2		
$E[.]$	4	4		

容易算得，$E[Y_i(1)]-E[Y_i(0)]=0$，所以在这个研究中，社交媒体使用对社会资本的因果效应为 0，也就是说，平均来讲，社交媒体使用并不能增加使用者的社会资本。但是，在实际研究中，研究者无法做到全知全息，因此这个研究的实际情况，如表 4－3所示。

表 4－3　社交媒体使用和社会资本的观测结果

被试(Respondent)	Y(0)	Y(1)	D	Y
小张	?	5	1	5
小王	3	?	0	3
小李	?	4	1	4
小陈	2	?	0	2
$E[.]$	?	?		

表 4－3 中的问号，表示我们无法观测到的潜在结果，容易算出：

$$E[Y \mid D=1]-E[Y \mid D=0]=4.5-2.5=2$$

这个比较叫作自然估计(Naive Estimate)。这个自然估计表明社交媒体使用对用户的社会资本有效果，但这个结论明显是错的，因为真实的因果效应等于 0。通常情况下，平均处理效应不等于自然估计，$E[Y_i(1)]-E[Y_i(0)] \neq E[Y|D=1]-E[Y|D=0]$，这就是关联不等于因果的数学表达。但问题是，研究者在大多数情况下只能得到自然估计，那么如何通过自然估计辨认因果效应就是因果推断这个研究邻域最关键的问

题，受到统计学家、社会学家，甚至是计算机科学家的共同关注。不管这些学者解决这个问题的具体方法有何不同，他们的一个共识是：随机控制实验是辨认两个变量间因果效应的黄金准则。

随机控制实验是这样一种研究设计，它至少有两个组别：一个处理组、一个控制组，并且被试被随机分配到这两个组，或是将处理组或控制组随机分配给被试。控制组为处理组提供了对照，也就是比较的基础，即在潜在结果框架的理念中，平行世界发生了什么。随机控制实验中的“随机”是指随机分配，即在分配还未开始时，每个总体中的被试个体被分配至处理组和控制组的概率相同。随机分配是随机控制实验的精髓，它最重要的作用就是使分配到处理组和控制组中的被试在平均水平上是相同的，也就是要达到这两个组别间的平衡。

我们现在考虑这样一个实验，其目的是检验玩暴力游戏（Violent Games）会不会增加玩家的攻击倾向（Aggressive Intent），也就是辨认“玩暴力游戏”对“攻击倾向”的因果效应。为了达到这个目的，研究者让一部分被试玩一定时长的暴力游戏，同时让另一部分被试玩同样时长的、不含任何暴力元素的游戏，之后再通过一个 7 分量表测量所有被试的攻击倾向，结果如表 4-4 所示。

表 4-4 暴力游戏与攻击倾向的观测结果

被试(Respondent)	$Y(0)$	$Y(1)$	D	Y
小张(男)	?	6	1	6
小王(女)	4	?	0	4
小李(男)	?	5	1	5
小陈(女)	5	?	0	5
$E[.]$	?	?		

不难算出，“暴力游戏组”的攻击倾向的平均得分是 5.5，而“非暴力游戏组”的攻击倾向的平均得分是 4.5，这个研究的自然估计是 5.5－4.5＝1。我们假设这个自然估计统计上显著，我们能因此得出“玩暴力游戏使人更具有攻击性”这个结论吗？不能，因为在介绍这个实验的设计时，没有提“随机分配”这个关键词，而读者不应预设研究者在每个实验中都实施了随机分配。即使研究者在这个实验中实施了随机分配，但由于样本量太小，这个随机分配也不一定成功。大家可以看到，在表 4-4 中，玩暴力游戏的两名被试都是男性，玩非暴力游戏的两名被试都是女性，而过往研究显示，男性比女性的攻击倾向平均更高。因此，我们不能确定 5.5－4.5＝1 的这个自然估计值中，有多少是攻击倾向的性别差异，有多少是研究者希望辨认的“玩暴力游戏”对“攻击倾向”的因果效应。这个因果效应被性别差异混淆了。

在随机控制实验中，当样本量足够大，随机分配是保证处理组和控制组的被试在平均水平下相同的最有效办法。事实上，研究者可以检测两个组的被试是否在关键协变量上有显著差异（如平均年龄是否相近、性别组成是否相近），从而确保两个组的构成是平衡的。当两个组的构成达到平衡，这个研究设计就满足了所谓的可忽略性假设（Ignorability Assumption），保证了研究者从自然估计推断因果效应的合理性。

第三节　单因子被试间设计

我们在上节从理论上讨论了为什么随机控制实验是辨认两个变量间因果关系的黄金准测。在本节中，为了简化讨论，我们默认所讲的实验都是随机控制，且满足可忽略性假设，而且仅研究一个因变量。在这节中，我们将介绍单因子被试间设计（One-way Between-subjects Design），这也是最基本的一种被试间设计。所谓单因子实验，就是这个实验仅考虑一个处理变量或自变量对某因变量的效果，这里的“因子”是“自变量”的另一种表述。而所谓被试间设计，就是在一个实验中，不同的被试会被随机分别配到不同的组别接受任务（如打游戏）或接受测量（如汇报攻击倾向）。比如，当一个自变量只有两个取值，即 1＝玩暴力游戏、0＝玩非暴力游戏，每位被试仅会玩一种游戏，不会两种都玩。当然，在另一种重要的实验设计中，被试会被先后分配到处理组和控制组，也就是（在我们的例子中）两种游戏都玩。这种实验叫被试内设计。

我们现在考虑这样一个单因子被试间实验，在这个实验中，200 名被试被随机分配到“暴力游戏组”或“非暴力游戏组”，在玩了相同时间的游戏后，用一个 100 分量表汇报自己的攻击倾向，数值越高，攻击倾向越强。我们现在通过模拟的方法来介绍如何分析这样一个实验。模拟是基于由软件生成的，而不是真实收集的数据的研究，是现代统计研究的重要方法。模拟的最大好处是，研究者能通过软件生成一个完全符合自己预期的数据，再用这个近乎完美的数据——也就是在理想状态下——检验自己关心的问题。比如，统计学家们发明了一个新的检验方法后，他们需要检验这个新方法和旧方法相比有哪些优势（如对目标参数的估计是不是更快、更准）。如果一上来就用真实收集的数据进行检验，而真实收集的数据通常会有不同程度的噪声，这个噪声会影响新旧两种方法的比较结果，使研究者不能判断他们在比较中所观察到的新方法的优势和劣势究竟是来源于方法本身，还是由于数据噪声的影响。因此，研究者们通常会进行几轮模拟，将新方法在理想状态下调试到最佳，再把这个新方法应用到真实数据上进行检验。模拟这个方法随着（个人）计算机计算能力的大幅提高而越来越流行。

下面，我们通过 R 语言模拟一个单因子被试间实验。R 语言是一个完全开源的、非常强大的统计软件，越来越多的社会学家开始将 R 语言作为他们科研的第二语言，甚至是第一语言。大家在网上就能找到很多的关于 R 语言的介绍和自学教程，我们在这里就不从头讲起，而是通过实际的例子带大家熟悉 R 语言。首先，大家可以在 R 语言的官网免费下载与 Windows 或者 Mac 系统适用的软件。下载后根据指示安装，然后鼠标左键双击图标打开软件，可以看到以下界面，如图 4－1 所示。

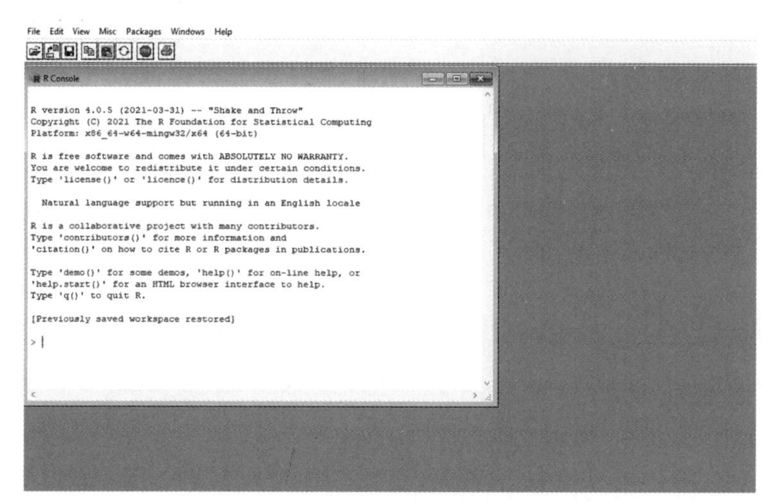

图 4－1　R 语言软件启动后的页面

我们点击 File→New script，打开一个 R 语言编辑器（实质是个文本编辑器），这个编辑器就是我们写代码的地方。把这个编辑器另存为“lecture_3. R”（. R 是 R 语言脚本的默认格式），如图 4－2 所示。

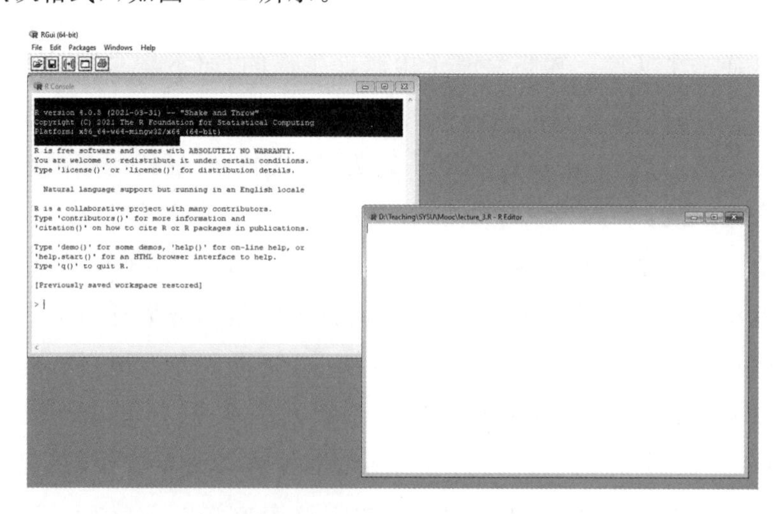

图 4－2　R 语言的编辑器

因为模拟是一个随机过程，所以我们通常要设定一个种子数，以保证我们每次运行某个模拟都能得到相同的结果。这个种子数可以为任意值。在编辑器中输入以下代码：

```
set.seed(12345)。
```

用鼠标将以上代码高亮，然后在键盘按 Ctrl＋R 运行该行代码。我们继续写代码：

```
n<－100
```

这里是一个左赋值(Left Assignment)，意思是我们定义一个对象(Object)n，并让 n 取值 100。这是因为之前设定我们要模拟的实验一共 200 个被试，他们被随机分配到两个组，那么在理想状态下，每组 100 人。

```
violent<－rnorm(n,mean＝55,sd＝10)
```

这行代码通过一个左赋值定义一个变量 violent，让它的取值为从均值(Mean)为 55、标准差(Standard Deviation)为 10 的正态分布中随机抽 n＝100 个整数。函数(Function)"rnorm"表示从正态分布 norm 里随机抽取。这里，我们实际上是模拟了被分配到暴力(Violent)游戏组中的 100 名被试的攻击倾向的打分，设定这 100 个被试的攻击倾向的均值为 55，标准差为 10。

```
non_violent<－rnorm(n,mean＝45,sd＝10)
```

这行代码模拟了被分配到非暴力(Non-violent)游戏组中的 100 名被试的攻击倾向的打分，设定 100 个被试的攻击倾向的均值为 45，标准差为 10。

```
cond<－rep(c("violent","non_violent"),each＝n)
```

这行代码创建了一个指示变量(Indicator Variable)cond，也就是 condition 的缩写。我们让这个变量取字符值(String Values)，亦即 violent 和 non_violent。因为是字符值，所以我们要用双引号(单引号也可以)把字符值括起来。函数 c()表示串接(Concatenation)，就是(在此例中)把 violent 和 non_violent 放到一个向量(Vector)里面。函数 rep(…,each＝n)表示我们要将向量 c("violent","non_violent")中的每个字符重复 n＝100 次，也就是先有 100 个 violent，再有 100 个 non_violent。

```
gaming_df<－data.frame(cond,score＝c(violent,non_violent))
```

在这行代码中，我们先将 violent 和 non_violent 这两个变量用 c()函数串接到一起，将这个新创建的向量命名为 score，我们再用 data.frame()这个函数将 cond 和 score 合并为一个数据框(Data Frame)，也就是我们模拟出来的数据。数据框实际上是一个二维表格，每一行代表一个观测(如一个被试)，每一列代表一个变量或向量。我们可以用以下代码直接查看我们刚刚建立的数据框 gaming_df。

我们可以看到，这个数据框有 200 行，即 200 个被试，同时有两列——cond 和

score，其中 cond 是一个字符变量，取值为 violent 或 non_violent（各 100 个），而 score 是一个数值变量，对应每一名被试的攻击倾向的打分。

第四节 描述被试间差异

在上节，我们通过一个基于 R 语言的模拟，生成一个单因子被试间实验的数据框 gaming_df。要查看这个数据框，我们可以直接在 R 语言编辑器中输入这个数据框的名字并执行这行代码，R 语言就会把这个数据框“打印”（Print）出来。但是，如果我们的数据框特别大，有 100 万个被试，打印整个数据框就太费时了。这时候，我们可以查看这个数据框的头几行：

```
head(gaming_df)
```

或者末尾几行：

```
tail(gaming_df)
```

这两个函数 head()和 tail()的默认值都是 6，也就是打印头或尾 6 行。当然，我们也可以指定行数，比如 head(gaming_df，4)或 tail(gaming_df，10)。

另一个常用的查看数据框的函数是 str()：

```
str(gaming_df)
```

我们可以看到，运行这行代码后，R 语言告诉我们 gaming_df 这个数据框有 200 个观测值以及 2 个变量，其中 cond 是一个字块（Character），而 score 是一个数值（Numeric）。

第三个常用的描述数据框的函数是 summary()：

```
summary(gaming_df)
```

我们可以看到，运行这行代码后，R 语言告诉我们 cond 这个字符变量的长度（Length）是 200（也就是有 200 个值），同时也告诉我们 score 这个数值变量的极值、四分位数和均值。

在分组实验中，查看每个组的因变量的均值往往更有意义，为达到这个目的，我们可以用 aggregate()函数：

```
aggregate(score~cond，data=gaming_df，mean)
```

在这行代码中，score～cond 表示我们要将 score 按 cond 分组，data＝gaming_df 表示先前的 2 个变量来自 gaming_df 这个数据框，最后，mean 表示将 mean()这个函数应用到 score～cond 这个公式。我们可以看到，score 在 non_violent 组的均值是 45.45，而在 violent 组的均值是 57.45，这两个数值与我们在模拟数据时的预设值——即 45 和 55 足够接近。这两个均值与预设值不完全相等，是因为生成数据的过程是随机的，所以会有误差。

我们将上一行代码中的 mean 换成 sd，就可以得到 score 在每组的标准差，大家可以自己试一试。我们能不能用一行代码同时得到均值和标准差呢？当然是可以的，这行代码可以这样写：

```
aggregate(score~cond,data=gaming_df,
    function(x)c(avg=mean(x),sd=sd(x)))
```

这里我们用了一个匿名函数（Lambda Function）function（x）来同时获得均值 mean（x）和标准差 sd（x）。匿名函数非常有用，大家可以百度一下它的用法，这里不做详解。

在对数据进行基本描述后，我们通常会做可视化，即通过各种图形加深我们对数据的理解和熟悉程度。卡方图（Histogram）（见图 4－3）是描述数值变量最常见的图形，在 R 语言中我们可以通过 hist（）函数实现：

```
hist(gaming_df$score,main="",xlab="Self-reported aggressive intent")
```

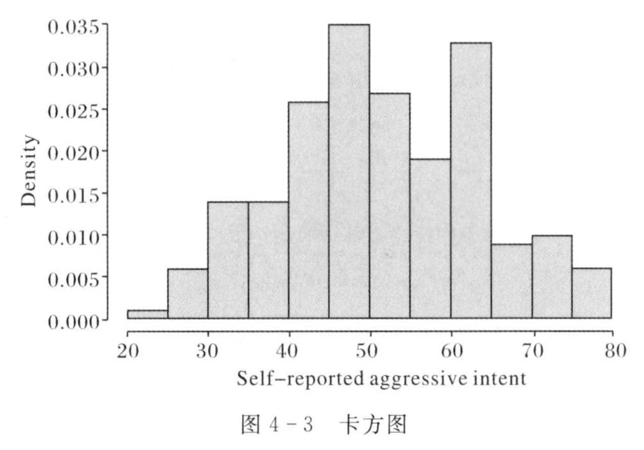

图 4－3　卡方图

在这行代码中，gaming_df $ score 表示我们从 gaming_df 这个数据框中选择 score 这个变量，main = "" 表示此卡方图的主标题为空，xlab = "Self-reported aggressive intent"表示我们将 x 轴的标签（Label）命名为 Self-reported aggressive intent。如果同学们喜欢彩图，我们可以在 hist（）函数中加一个关于 col（也就是 colour）的元素或参数（Argument）。笔者比较喜欢绿色，所以：

```
hist(gaming_df$score,main="",xlab="Self-reported aggressive intent",
    col="lightgreen")
```

我们说过，分组实验的主要目的是比较组间均值的差异，研究者们过去常用柱状图加误差线的方法可视化这个差异。

图 4－4 被戏称为“炸药包图”，因为柱子像个炸药包，而误差线像炸药包的手柄。

炸药包图并不完美，主要是因为它有意或无意地隐藏了数据实际的分布信息，违背了“科学研究要透明”这一原则。比如，图 4－4 表示处理(Treatment)组的均值高于控制(Control)组的均值，但两组数据的分布我们不得而知，导致无法判断比较这两个均值是否合理。所以，很多专业的研究成果已不再用炸药图来表示。

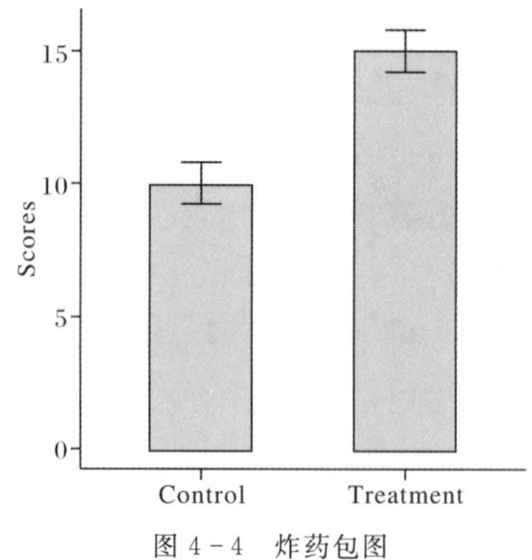

图 4－4　炸药包图

现在科学界普遍接受的做法是画箱型图(Boxplot)，再将数据点叠加。在 R 语言中，我们可以用以下代码实现：

```
boxplot(score~cond,data=gaming_df,frame=FALSE,outline=FALSE,
        ylab="Self-reported aggressive intent",
        xlab="Type of game",names=c("non-violent","violent"))
stripchart(score~cond,data=gaming_df,method="jitter",
        col="black",pch=16,
        vertical=TRUE,add=TRUE)
```

在以上代码中，boxplot()这个函数生成箱型图，其中，frame=FALSE 表示我们不要边框，outline=FALSE 表示我们不要表示极值(因为我们稍后会把所有数据点叠加)。用函数 stripchart()画数据点，其中 method="jitter"表示我们给每个数据点加上一个很小的随机值，让它们散开，不然所有的数据点会落在一条直线上，这样的图不美观，也看不出数据点的分布；pch=16 表示数据点用实心圆点表示；vertical=TRUE 表示数据点要竖着画，和箱型图的方向一致；最后，add=TRUE 最关键，表示我们要把这个 stripchart 附加到前一个图上，而不是取代前一个图。这样，一个漂亮的、符合期刊发表标准的箱型图就画好了，见图 4－5。

在这个箱型图中，两个箱子里面的黑色横线代表中位数，也就是说，各有 50%的数据在这条线以上和以下。箱子的底边代表第一四分位数(The First or Lower Quartile)，也就是说，有 25%的数据在这条边以下，75%的数据在它之上。箱子的顶边代表第三

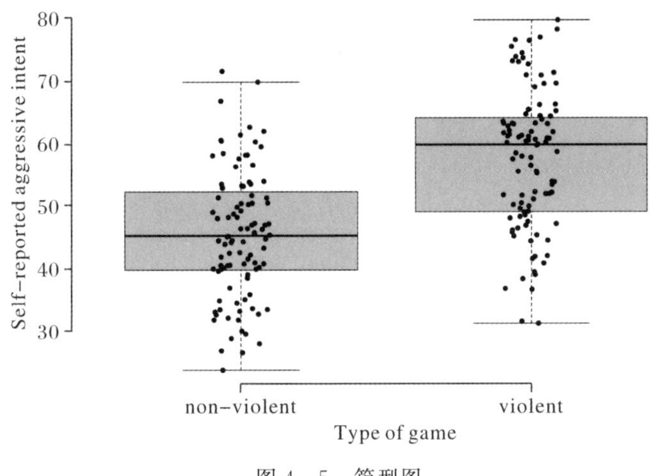

图 4-5 箱型图

四分位数(The Third or Upper Quartile),意义刚好与第一四分位数的相反。因为75%-25%=50%,所以箱型图的箱子的位置代表了一个分布(Distribution)中50%的数据的位置。同时,我们把第三四分位数与第一四分位数的差称为四分位差(Interquartile Range)。最后,从箱子两端延伸出去的"胡须"代表根据四分位差定义的极值,其中,最小值=第一四分位数-1.5×四分位差,最大值=第三四分位数+1.5×四分位差,任何超过这个范围内的值都可被视为异常值(Outliers)。所以,箱型图实际提供了一个通过可视化辨认异常值的方法,比炸药包图提供了更多的信息。希望大家多用箱型图,少用甚至不用炸药包图。炸药包图有它的用武之地,但不适合可视化组间比较。

第五节 检验被试间差异

在上节,我们对模拟的一个单因子被试间实验的数据进行了描述和可视化。通过对数据的描述和可视化,我们发现,相比被分配到非暴力游戏组的被试,被分配到暴力游戏组的被试的攻击倾向平均更高,具体是57.5∶45.5。这个结果表示,玩暴力游戏能把玩家的攻击倾向在一个100分的量表中平均提高57.5-45.5=12个点。这个被试间差异似乎不小,但我们不要忘了,攻击倾向在非暴力游戏组和暴力游戏组中的标准差分别是10.1和11.1,也就是说,每个组的内部差异也不小。在组间差异和组内差异都不小的情况下,我们必须要通过统计检验来判定组间(也就是被试间)差异在统计学上是否有意义,就是我们常说的"结果是否显著"。本节中,我们借检验被试间差异介绍两种不同的方法计算 p 值,从而判断一个结果是否显著。

首先，我们要明白这样一个概念，那就是，基于样本而非总体的组间差异以及几乎所有我们希望估计的统计量(如相关系数)都是随机变量，因为它们的值会随着从总体中抽样的变化而不断变化。比如，在这个模拟的数据中，我们的组间差异是13，但如果我们再做一次模拟(或是在现实中再招募两组被试)，我们得到的组间差异就很有可能不是13。如果我们做100000次模拟，也就是把这个实验用来自同一总体的不同样本重复100000次，每次算一个组间差异，这100000个不尽相同的组间差异的值会如何分布呢？中心极限定理告诉我们，这100000个值会服从一个正态分布。我们可以通过模拟检验一下。

以下R语言代码就实现了100000次基于我们生成的数据的自助抽样(bootstrapped sampling)：

```
diff_boot<-replicate(100000,mean(sample(violent,n,replace=TRUE))-
mean(sample(non_violent,n,replace=TRUE))
```

所谓自助采样，就是把观测到的样本当作总体，对这个样本进行可放回抽样。这是现代统计科学中的一个重要思想。具体到我们的例子，sample(violent,n,replace=TRUE)是说从violent这个有100个数值的向量中随机抽n=100个数，因为是可放回(replace=TRUE)，所以新样本中的100个数与原始样本中的100个数会不尽相同。然后我们同样对非暴力游戏组进行可放回抽样：sample(non_violent,n,replace=TRUE)，也得到一个新样本，我们再对每个新样本求均值，再将求得的两个均值相减，mean(sample(violent,n,replace=TRUE))－mean(sample(non_violent,n,replace=TRUE))，这样就得到了这两个新样本的平均差异，也就是一个新的组间差异。我们再将这个过程通过replicate()函数重复100000次，将这100000个组间差异通过左赋值存到一个叫“diff_boot”的对象中。

我们再通过hist(diff_boot)这行代码把这100000个组间差异值用卡方图画出来。在这个卡方图中，横轴是组间差异值，竖轴是频次。大家可以看到，有少量的组间差异值为负数，也就是暴力游戏组的攻击倾向均值比非暴力游戏组的攻击倾向均值要小(小至－4)；大部分的组间差异值为正，也就是暴力游戏组的攻击倾向均值比非暴力游戏组的攻击倾向均值要大(大至10)。之所以出现如此大的差异，就是因为当我们无法对总体进行实验，而必须依靠抽样获得被试时，实验结果几乎总会受到抽样误差的影响，导致每一次基于新样本的实验的结果都会不尽相同。在我们的这个例子中，卡方图就非常直观地告诉了我们，我们如果重复这个实验100000次，它们的结果会大不相同。

因为我们关心玩暴力游戏是否会提升玩家的攻击倾向，所以我们下面算一算在100000次实验中，有多少组间差异为正。实现这个目标的代码很简单：

```
mean(diff_boot > 0)
```

首先，diff_boot > 0这个语句做了一个判断，判断它的每个元素是否满足大于0这个条件，如果满足，R语言软件会返回一个TRUE，否则，会返回一个FALSE。大家可以用head(diff_boot > 0,100)看看前100个组间差异值有没有小于0的。一个可以取TRUE和FALSE的变量被称为逻辑变量，逻辑变量在R语言中是可以被运算的，TRUE＝1，FALSE＝0。假设我们有3个TRUE（也就是3个1）和7个FALSE（也就是7个0），那么，这10个数的平均数就是3/10＝0.3，也就是TRUE在这10个逻辑值中的百分比。所以，当我们用函数mean()求diff_boot > 0的均值时，我们得到的就是大于0的组间差异值在100000次实验中的比例，具体是0.969。我们可以用这个比例来求所谓的p值，看它是否小于0.05，以帮助我们判定最初观测到的组间差异(2.6)是否显著。具体代码是：

```
2 * (1-mean(diff_boot > 0))
```

我们要1－mean(diff_boot > 0)，是因为mean(diff_boot > 0)给出的是右尾概率，而算p值要用左尾概率。我们要将得到的左尾概率乘以2，是因为统计检验一般是双尾。我们算得的p值是0.061，大于0.05，所以我们观测到的组间差异(2.6)不显著，也就是说，这个组间差值在统计上没有意义，不能回答“玩暴力游戏是否能提高玩家的攻击倾向”这个问题。

当然，在实际研究中，我们几乎不可能将一个实验重复100000次；对于一些相对复杂的实验，能成功地做一次就已经相当费时费力了。由于我们不能大量重复一个实验，也就无法使用上面介绍的自助抽样的方法计算p值。幸好统计学家们早已发明了t检验，帮助我们每做一个实验都能计算一个p值。由于我们的实验是被试间设计，暴力游戏组的样本独立于非暴力游戏组的样本，所以我们要做独立样本t检验。在R语言中，我们可以这样实现：

```
with(gaming_df,t.test(score~cond))
```

函数with()表示我们要使用某一数据框进行操作，这里的具体操作是独立样本t检验，所以函数t.test()要放在with()的里面。在这个t检验中，是用非暴力游戏组的值减去暴力游戏组的值，所以t是负值。我们可以看到，函数t.test()给出的p-value是0.064，与我们用自助抽样法算出的p值只差了0.003，还是非常接近的。

第六节 辨认主效应和交互效应

在这一章节，我们介绍如何辨别双因子被试间实验中的主效应和交互效应。单因子实验只有一个自变量，分析起来较为简单。双因子实验增加了一个自变量，分析起来固然比单因子实验复杂，但它能提供更多的信息，有时候比单因子实验更有趣。比如，如果我们继续关于“玩暴力游戏是否能提高玩家的攻击倾向”的实验，我们除了考虑比较玩暴力游戏和玩非暴力游戏的效果，我们还可以考虑玩家的性别是否会影响玩暴力游戏对玩家攻击倾向的影响。大量先行研究显示，男性通常比女性有更强的攻击倾向，所以，有没有可能玩暴力游戏更能提高男性，而不是女性玩家的攻击倾向？抑或是说，无论男女，只要玩了暴力游戏，攻击倾向就更强？要回答这些问题，我们就必须实施一个双因子被试间实验，以游戏的种类和玩家性别作为自变量，玩家玩游戏后的攻击倾向作为因变量。在这里，我们考虑一个最简单，也最典型的双因子被试间实验，那就是两个因变量都只取两个值：游戏类型为“暴力游戏”和“非暴力游戏”，玩家性别为“男”和“女”，一半男被试被随机分配到暴力游戏组，另一半被分配到非暴力游戏组；同样，一半女被试被随机分配到暴力游戏组，另一半被分配到非暴力游戏组。这个设计可以用图 4－6 表示。

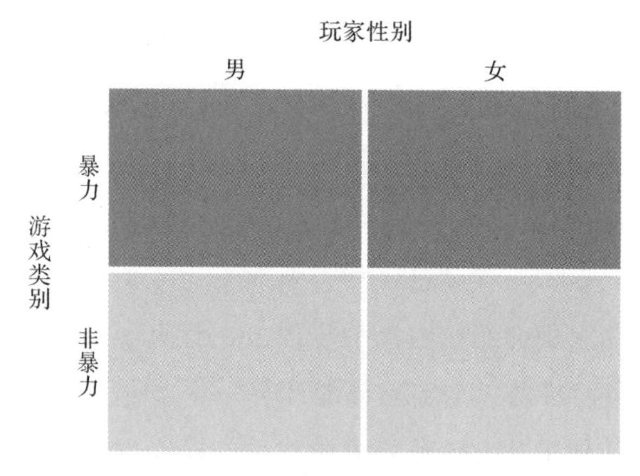

图 4－6　2×2 双因子被试间实验设计

我们把这样一个设计称为一个 2(游戏类别：暴力/非暴力)×2(玩家性别：男/女)被试间全因子设计，因为它包含了两个因子间所有的组合情况：“男、暴力游戏”“女、暴力游戏”“男，非暴力游戏”“女，非暴力游戏”。在“2(游戏类别：暴力/非暴力)×2(玩家性别：男/女)”这个描述中，乘号表示正交，乘号两边各一个因子，因子的名称分别是“游戏类别”和“玩家性别”。这两个因子各有两个取值，由阿拉伯数字“2”表示，具体取值分别为“暴力/非暴力”和“男/女”。如果我们改变一下游戏类别，把暴力游戏细分为“单人暴力游戏”和“多人暴力游戏”，那么我们就得到了一个 3(游戏类别：单人暴力/多人暴力/非暴力)×2(玩家性别：男/女)被试间全因子设计。如果我们再增加一个因子，比如玩游戏的时间长度，那么我们就得到了一个 3(游戏类别：单人暴力/多人暴力/非暴力)×2(玩家性别：男/女)×2(时间长度：0.5/1 小时)被试间全因子设计。理论上我们可以继续增加每个因子可取值的数量以及因子数目，但我们必须注意，被试间实验的因子数和每个因子的取值数目不宜过多，太多会增加实验成本。比如，如果每个组计划安排 50 名被试(一个按照现今标准不算大的样本量)，一个 3×2×2 的被试间实验就需要 50×3×2×2=600 名被试，如果招募 1 名被试需要 20 元钱，这个实验至少要花费 12000 元人民币，这还没有算上招募被试的时间成本。

被试间实验的因子数和每个因子的取值数目过多会增加分析的难度。关于这点，我们从最简单(很有可能也是最理想)的 2×2 实验讲起。一般来说，一个被试间实验有几个因子就有几个主效应，而一个主效应就是一个因子在其他因子的平均水平下对因变量的效果。假设我们策划一个 2(游戏类别：暴力/非暴力)×2(玩家性别：男/女)被试间全因子设计，在这个实验里用一个 10 分量表测量被试玩游戏后的攻击倾向，得到以下结果见图 4-7。

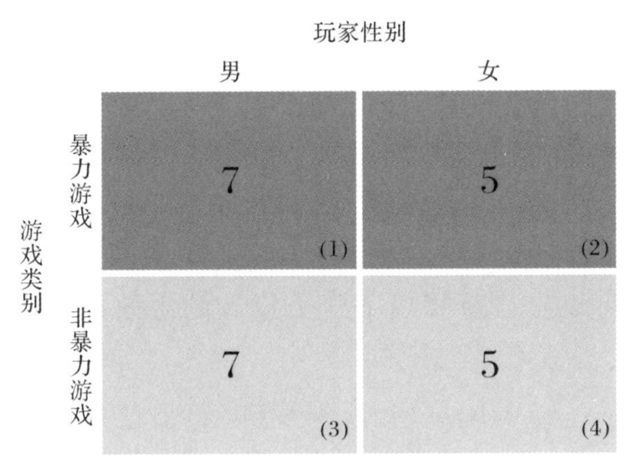

图 4-7 玩暴力游戏与否与玩家性别的 2×2 实验

图 4-7 中括号里的数字是组别编号，每个格子中间的数字是这个组的攻击倾向的均值。比如，组(1)是男性被试玩暴力游戏，而这组男性被试玩暴力游戏后的攻击倾向的平均分为 7。这个实验设计有两个因子，即游戏类别和玩家性别，它们各有一个主效应。为了方便讨论，我们假设每个组别的被试数量都一样(如都是 100 人)。我们之前定义过，一个主效应就是一个因子在其他因子的平均水平下对因变量的效果，因此，我们要计算“游戏类别”的主效应，就要将暴力游戏对男、女被试的平均效应和非暴力游戏对男、女被试的平均效应做比较。容易算得，暴力游戏对男、女被试的平均效应是(7+5)/2=6，非暴力游戏对男、女被试的平均效应是(7+5)/2=6，而 6-6=0，

所以，游戏类别的主效应为零。也就是说，综合男女被试的平均反应，玩暴力游戏相比玩非暴力游戏并不能提高被试的攻击倾向。那么，如何计算玩家性别的主效应呢？

玩家性别的主效应也不难算，就是第一组和第三组的平均数减第二组和第四组的平均数，即(7＋7)/2－(5＋5)/2＝2。在这里，我们先不考虑统计显著的问题，只要组件差别不为零，我们就认为某个因子有效果。因此，在这个实验中，玩家性别的主效应是存在的：综合被试玩暴力游戏和非暴力游戏的平均效应，男性被试比女性被试的攻击倾向更强。

多因子被试间实验除了每个因子各自的主效应，还有因子间的交互效应。假设有两个因子 A 和 B，那么这个设计就有一个交互效应 A×B(交互效应不考虑因子的排列顺序，A×B 和 B×A 是一样的)。我们的例子也有且仅有一个“游戏种类×玩家性别”的交互效应。要计算这个交互效应，我们可以先计算玩暴力游戏相比玩非暴力游戏对男性被试的效果：7－7＝0，再计算对女性被试的效果：5－5＝0，因为 0－0＝0，所以这个实验的交互效果为零。我们也可以先考虑男性相比女性玩暴力游戏的效果：7－5＝2，再计算男性相比女性玩非暴力游戏的效果：7－5＝2，因为2－2＝0，所以这个实验的交互效果为零。因此，我们无论从哪个因子入手分析，结果都是一样的，这也是为什么我们计算交互效应时无需考虑因子的排列顺序。综上所述，尽管 2(游戏类别：暴力/非暴力)×2(玩家性别：男/女)被试间全因子设计在理论上有两个主效应和一个交互效应，我们实际只观测到一个主效应，没有交互效应。

作为练习，大家可以自己算算以下这个设计的主效应和交互效应，如图 4－8 所示。

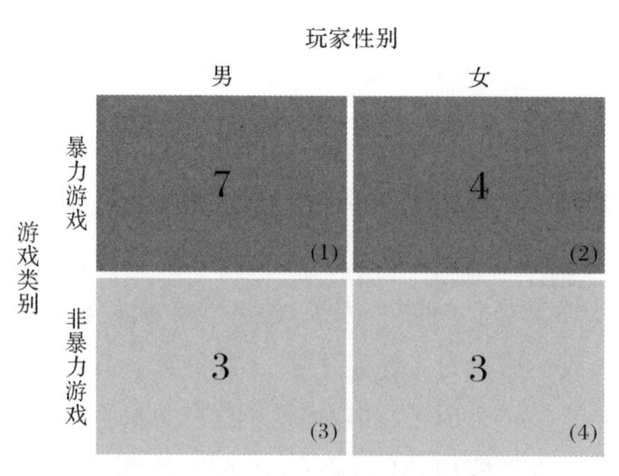

图 4－8　辨认主效应和交互效应的练习

答案:这个设计实际能观测到两个主效应,仅有的一个交互效应也存在。

现在,我们应该能理解为什么在设计组间实验时,我们不宜给每个因子设定过多的值以及设定过多的因子。比如,当一个因子的取值过多(比如取5个值),它的主效应的计算和解释就更复杂。而当因子数目更多,就会有更多的交互效应。比如,当有A、B、C3个因子时,就会有4个交互效应(AB、AC、BC、ABC),而当有A、B、C、D 4个因子时,就会有10个交互效应(AB、AC、AD、BC、BD、CD、ABC、ABD、BCD、ABCD),而四重交互(ABCD)是非常难解释的。所以,实验设计一般遵循"少食多餐"的原则,设计多个实验,每个实验设计得简单一点。

第五章

问卷调查法

第一节 随机抽样

问卷调查法以问卷为手段，通过量表测量研究者感兴趣的变量，包括预测变量、控制变量和结果变量。与随机控制实验相比，问卷调查的优势在于它能将调查的结果由样本推及总体。在这里，我们要明晰一个概念，那就是，研究者关注的通常是他们希望研究的总体，而由于各种限制，研究者通常无法接触到总体里面所有的个体，所以，研究者只能通过研究样本——也就是总体的一个子集——来对总体的特征进行推断。比如，如果我们想研究广州市民使用微信的平均时长，“广州市民”就是总体。因为资金、时间和其他客观条件的限制，我们只能采访3000名广州市民（即我们的样本），用问卷记录他们使用微信的情况，包括他们每天使用微信的时长。假设我们算出，在这个样本中的广州市民每天使用微信的平均时长是2小时，我们能据此推断全体广州市民使用微信的平均时长也是2小时吗？如何从样本统计量推断总体参数是问卷调查法的核心问题。

解决这个核心问题的关键在于使用随机抽样。我们在介绍随机控制实验时阐述了随机分配的概念。这个概念的意思是，设计一个机制（比如抛硬币），使每位被试被分配到实验组和控制组中的概率相等。与之相对应，随机抽样的意思是，设计一个机制，使总体中的每位应答者被纳入调查中的概率相等。对于问卷调查来说，抽样方法的制定是最重要的，我们的抽样方法在多大程度上能保证“随机”，即总体中的每位应答者被纳入调查中的概率相等，直接决定着我们在多大程度上能用样本统计量推断总体参数，也就是调查研究的外在信度。在这里，我们要明确，保证一个问卷调查的外在信度，抽样方法比样本量重要。如果我们的抽样方法不够“随机”，那我们使用样本统计量对总体参数进行估计时就会有偏差，在这种情况下，样本量越大，偏差越大。当然，如果我们的样本量大到无限接近总体时，那又另当别论。相反，如果我们的抽样方法足够“随机”，我们不需要很大的样本就能对总体做出准确的推断。这就好比我们熬汤调味时，只要我们把汤搅得足够匀，只需尝一小口（即获取一个小样本），就能知道整锅汤的咸淡程度如何。这显然是更符合经济效益的一种做法。

要获得一个足够随机的样本，对样本框的选取很重要。比如，如果我们想针对中山大学的本科生做一个问卷调查，最好的办法是联系大学教务处，取得当年所有本科生的名册，这份名册就是我们的样本框。这个样本框很好，因为它就是我们需要的总体，我们从目标总体中随机抽样，这是最理想的状态。但如果我们无法获得这份名册呢？这个时候，我们也许可以事先规定，我们的样本框将是从周一到周五，每晚去上公共选修课的本科生，我们每个教室每个教室地拜访，在每个教室里做随机抽样。但在开始这个非常艰辛的研究之前，我们需要问：这个样本框在多大程度上能匹配我们的总体（即全体中山大学本科生）？如果我们只抽周一、周三、周五呢？如果我们只抽晚上课程的头两节呢？这些选择会对我们样本的代表性有什么影响吗？我们先把这些问题想清楚了，认定我们可以接受选定这个样本框所带来的误差，再去派发问卷也不迟。

选定了样本框之后，我们就对样本框内的个体按顺序编号，再随机抽取他们的号码，这样，如何随机抽样就变成了一个如何生成随机数字的问题。在个人电脑还没有普及以前，研究者们会用一种叫作“随机数字表”的东西帮助他们随机选取数字。个人电脑普及后，微软的 Excel 软件可以用于生成随机数字，但现在有了 R 语言，随机数字的生成就更加简单了。在 R 语言中，函数 sample()可用于这个目的。比如，我们的样本框里有 100000 个数字（也就是有 100000 个个体），我们希望不重复地抽 5000 个，那么我们可以写：sample(100000，5000，replace = FALSE)。通过 sample()函数随机生成的这 5000 个数，就是我们的样本。这个随机、不重复的抽样过程，就叫作简单随机抽样，是所有随机抽样方法的基础。

具体来讲，基于简单随机抽样，我们首先进行分层抽样，就是先把总体按照某一个或某几个特征分成几个层，再在每个层中进行简单随机抽样。比如，我们在对中山大学全体本科生抽样时，希望我们的样本能准确反映中山大学本科生的性别比例，那么，我们可以先获得这个性别比，再按这个性别比抽样。例如，中山大学在 2019 年的女生占比是 53.3%，那我们在抽样的时候，就要先把样本框分成女生、男生两层，再在每层中随机抽样直至满足预先设定的比例。如果在此基础上，我们还希望样本能准确反映文、理、医、商等学科大类的比例，那么我们就需要在女生、男生两个层里继续分层（即性别×学科），再按每个层（如学理科的女生）的比例随机抽样。通过这样的方式得到的样本，我们称之为分层样本，分层样本的最大好处是它能够反映总体的结构，抽样误差比较小。

除了分层抽样，另一种常用的随机抽样方法是聚类抽样，其基本思想是把总体分成 k 个非常类似的群，再对这 k 个群随机抽样，然后再在抽取到的群中进行随机抽样。比如，广州市白云区有 20 条街道，如果我们能认为这 20 条街道都非常类似，那么，我们就不需要去所有街道派发问卷，而是可以随机抽取 10 条（或是其他合适数量）街道，再从这 10 条街道中的每一条街道随机抽取个体。当然，街道下面还有小区，小区下面还有住户，住户里面通常有多个个体——在这里，个体嵌套在住户中，住户嵌套在小区中，小区嵌套在街道中。针对这种情况，我们可以采用多阶段聚类抽样，在随机抽取了 10 条街道后，再在抽中的每条街道中随机抽取若干小区，再在抽中的每个小区中随机抽取若干住户，最后在抽中的每个住户中随机抽取个体。

这种多阶段聚类抽样的最大好处是可以大大节省成本，但要成功实施这种抽样，每个群要足够相似。比如，如果广州市白云区的20条街道在某些方面（如人员构成、生活习俗）很不一样，那么，我们对这些异质性很高的群随机抽样，就有可能产生很大的抽样误差，削弱样本的代表性（即外在效度）。要解决这个问题，可以把分层抽样和聚类抽样结合起来。比如，可以先把白云区的20条街道的居民按照某一特征（如是否喜欢喝早茶）分成两个层，这样就能保证每个层里的街道的居民在"喝早茶"这个特征上类似。然后，再对喜欢喝早茶和不喜欢喝早茶的街道居民分别实施多阶段聚类抽样。这样的混合抽样方法，既节省了成本，又在一定程度上保证了抽样的精度，是不少调研机构常用的抽样方法。

最后，我们通过图5-1理解分层抽样和聚类抽样的异同。

分层抽样	聚类抽样
将总体分成较小的子集 这些子集要很不一样（比如女性和男性）	将总体分成较小的子集 这些子集要很相似（比如人员构成类似的街道）

图5-1 分层抽样与聚类抽样的异同

第二节 抽样误差

抽样误差是指由抽样造成的样本统计量和总体参数之间的偏差。由于抽样是一个随机过程，抽样误差几乎不可避免。同时，抽样误差又是一个非常重要的概念，我们需要对其进行估计，来判断我们抽样的准确程度。

我们首先通过一个简单的模型来理解抽样误差这个概念。想象一个盒子，里面装了无数纸条，其中一些纸条上写了数字1，另一些纸条上写了数字0。所有这些写了0或1的纸条，就是总体。假设我们希望知道在这些纸条中，有多少写着1，这个百分比就是我们希望估计的总体参数。现在，假设总体中40%的纸条上写着1，60%的纸条上写着0，我们从盒子里随机不放回地抽取1000张纸条，这个样本中会恰好有400张写着1的纸条，一张也不多、一张也不少吗？这个概率取决于抽样误差。如果用公式表达，我们有：

$$样本中1的百分比=总体中1的百分比+抽样误差 \quad (1)$$

将公式(1)推广，我们有：

$$样本统计量=总体参数+抽样误差 \quad (2)$$

显然，由公式(2)可知，抽样误差越大，样本统计量和总体参数之间的偏差就越大，抽样误差越小，两者就越接近。我们通常用标准误(Standard Error)来估计抽样误差，现在，我们通过一个例子来学习如何计算标准误。假设小张知道在一个总体中，有54%的女性，如果小张通过简单随机抽样从这个总体中抽取了100人，这个样本中的女性占比会跟54%差多远呢？为了回答这个问题，我们设 p=百分比对应的小数(如54%对应的小数就是0.54)，N=样本量，那么这个样本的标准误就是：

$$SE_p = \sqrt{\frac{p(1-p)}{N}} \tag{3}$$

我们把具体数字带入到公式(3)，有：

$$SE_p = \sqrt{\frac{p(1-p)}{N}} = \sqrt{\frac{0.54(1-0.54)}{100}} \approx 0.05 \tag{4}$$

也就是说，如果小张的样本足够随机，他的样本中的女性占比应该在0.54±0.05，也就是49%～59%。换成具体数字，小张的样本中有49～59个女生都是正常的。

这个标准误的公式很简单，除了开根号可能要借助计算器，其余部分手算也没有问题。但是，如果我们在准备某个问卷调查的过程中，要计算多个不同的样本量(如 N=100、200、250、300、500)对应的标准误呢？每当我们发现要重复某一过程三遍或以上时，我们就要考虑如何通过写程序将这个过程自动化，这样不仅节省了时间，也可避免出错。在R语言中，我们可以用function()这个函数写一个专门计算标准误的函数：

```
my_se<-function(p,n){sqrt(p*(1-p)/n)}
```

这个语句的意思是，我们要定义一个名为my_se的函数，这个函数有两个变量，分别是 p 和 n，我们要对 p 和 n 进行大括号里面的运算。R语言默认输出大括号里面的最后一行命令的结果，大括号里只有一行命令，所以运行my_se这个函数，会自动得到对(p*(1-p)/n)取平方根的结果。这里，sqrt()是指对一个对象取平方根。

我们运行my_se<-function(p,n){sqrt(p*(1-p)/n)}这个语句，没有任何反应，这是正常的。现在，我们运行se(0.54,100)，应该就能得到0.0498这个结果。那么，如果我们要算 N=100、200、250、300、500所对应的标准误呢？我们可以这样写：

```
p<-0.54
n<-c(100,200,250,400,500)
my_se(p,n)
```

运行这三行语句，我们得到以下结果：

```
[1] 0.04983974 0.03524202 0.03152142 0.02491987 0.02228901
```

这 5 个数，就是对应 $N=100,200,250,400,500$ 的标准误。现在，假设我们希望刻画标准误如何随着样本量的增大而变化，我们可以通过以下代码实现：

```
n<-seq(100,1000,by=1)
plot(n,my_se(p,n),type="line",
xlab="Sample Size",ylab="Standard Error")
abline(v=c(100,200),col="red",lty="dashed")
abline(v=c(700,800),col="steelblue",lty="dashed")
```

第一行代码通过函数 seq()定义样本量从 100 增加到 1000，每次增加一个个体。第二行代码用函数 plot()画出样本量和标准误的关系，其中样本量 n 在 x 轴，标准误 my_se(p,n)在 y 轴，然后我们用线条(Line)画出两者的关系。第四行的代码通过 abline()这个函数画两条竖线(v 代表 Vertical，垂直)，这两条竖线的坐标在 x 轴的 100 和 200 处，颜色是红色，类型是虚线。第五行代码画了两条钢蓝色的、位于 x 轴 700 和 800 处的竖线。通过这五行代码我们得到图 5-2。

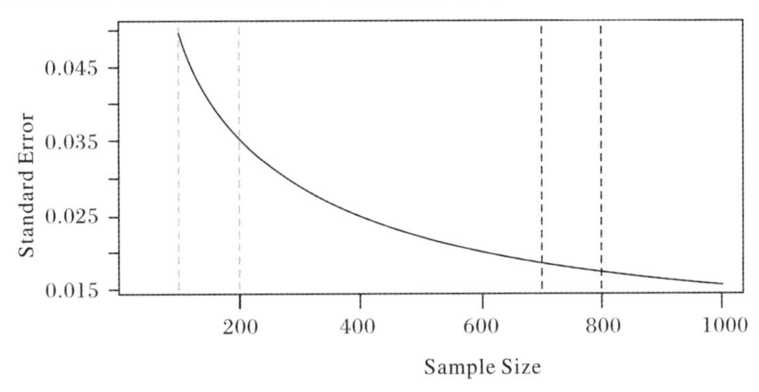

图 5-2 样本量与标准误大小的关系

通过图 5-2，我们可以看到，当我们的样本量从 100 增长到 200(灰色虚线)，标准误降了大概 1.5%；但当样本量从 700 增长到 800(黑色虚线)，标准误仅下降了 0.12%。所以，在计划样本量时，也要考虑边际收益。在上例中，如果我们认为标准误下降 0.12%微不足道，那么 $N=700$ 就够了，没有必要再花时间和精力把样本量增加到 800。

最后，考虑这样一个问题。假设甲、乙两市，甲市有 150 万人口，乙市有 1500 万人口。现在小张在甲、乙两市都完全随机地选取了 2500 人做问卷调查。哪一个样本的精确度更高呢？选项 A：甲样本的精确度更高；选项 B：乙样本的精确度更高；选项 C：两个样本的精确度一样。大家可以想想该选哪个。笔者猜不少同学会选 A，因为相对 1500 万，2500 在 150 万中占的比重稍微大些。但答案应该是 C，两个样本的精确度一样。事实上，在我们上文的讨论中，标准误的大小仅跟样本大小相关，跟总体大小无关。在本题中，样本量都是 2500，所以，两个样本的标准误是一样的。另一个理解这个答案的办法是回到煲汤调味的例子：无论你是用大锅盛汤，还是用小锅盛汤，只要我们把汤充分搅匀，你从大锅里面舀一勺，和你从小锅里面舀同样大小的一勺，它们都能很好地代表整锅汤的味道。

第三节　样本权重

我们在上节提到，在抽样过程中，抽样误差几乎不可避免。事实上，在比较极端的情况下，即使我们做了非常周密的计划，并且完全按照计划实施抽样，但仅仅因为运气不好，我们的样本统计量也可能会很不理想，比如实际观测到的样本中的性别比和总体中的性别比相差太远。无论由于什么原因导致我们的样本统计量出现了偏差，我们都可以通过加权的办法对样本量进行调整，让样本统计量尽可能地靠近相应的总体参数。

在一个通过随机抽样得到的样本中，每个个体的重要性是一样的。比如，我们假设某一总体的性别比是 1∶1，现在，小张通过随机抽样得到一个 10 人样本，里面刚好男女各 5 人。假设每位男被试都说孙燕姿是他们最喜欢的歌手，每位女被试都说周杰伦是她们最喜欢的歌手，我们就有表 5－1。

表 5－1　10 位被试与他们喜爱的歌手——总体

被试	喜爱的歌手
F1	周杰伦
F2	周杰伦
F3	周杰伦
F4	周杰伦
F5	周杰伦
M1	孙燕姿
M2	孙燕姿
M3	孙燕姿
M4	孙燕姿
M5	孙燕姿

在这个样本里，喜欢周杰伦的比例和喜欢孙燕姿的比例是一样的，都等于0.5。因为这个样本的男女比例与总体中的男女比例完全吻合，在不考虑其他影响因素的情况下，0.5这个数值很好地估计了总体中的个体对周杰伦和孙燕姿的偏好，因此我们可以说，总体中一半的人喜欢周杰伦，一半的人喜欢孙燕姿。但是，我们的运气几乎不可能这么好，能获得一个如此完美的、和总体完全契合的样本。在运气欠佳的情况下，我们获得的样本很可能是下面这种情况，如表5-2所示。

表5-2　10位被试与他们喜爱的歌手——样本

被试	喜爱的歌手
F1	周杰伦
F2	周杰伦
F3	周杰伦
F4	周杰伦
F5	周杰伦
F6	周杰伦
F7	周杰伦
F8	周杰伦
M1	孙燕姿
M2	孙燕姿

在这个样本里，有80%的个体喜欢周杰伦，20%的个体喜欢孙燕姿，我们能根据这个结果推断出，在总体中，周杰伦更受欢迎吗？不能，因为我们知道总体中的性别比是1∶1，但这个样本中的性别比是8∶2，女性的代表人数高于比例，而男性的代表人数低于比例，如果按照这个有偏误的样本进行推断，那么结论就一定是错的。

这个时候，我们可以通过对样本加权的办法纠偏。所谓权重，就是一个调整样本单位的重要性的系数，它把代表人数高于比例的个体的重要性降低，把代表人数低于比例的个体的重要性升高。权重的计算公式是：

$$\text{权重}=\frac{\text{总体中的占比}}{\text{观测到的占比}} \tag{5}$$

比如，在本例中，女性在总体中的占比是1∶2，而在样本中的占比的8∶10，所以女性在这个样本的权重就是1/2÷8/10=0.625。容易算得，男性在这个样本中的权重是1/2÷2/10=2.5。那么，经过加权后，有多少人喜欢周杰伦呢？

$$\text{正确的 } p(\text{周杰伦})=\frac{8\times 0.625}{8\times 0.625+2\times 2.5}=0.5$$

同样可以算出，经过加权后，有多少人喜欢孙燕姿：

$$\text{正确的}\ p(\text{孙燕姿}) = \frac{2 \times 2.5}{2 \times 2.5 + 8 \times 0.625} = 0.5$$

我们知道，正确的比例确实是喜欢两位歌手的人各占一半，所以，我们的加权是成功的。看到这里，你也许会说，我们既然都知道了正确的比例是 0.5，还要算权重干什么呢？下面，我们看一个更接近实际情况的例子。假设一个总体中读了大学和没读大学的人各占一半，小张随机抽样了 6 个人，记录了他们的收入，得到表 5 - 3。

表 5 - 3　6 位被试与他们的收入

被试	学历	收入
1	大学	60000
2	高中	40000
3	大学	70000
4	高中	50000
5	高中	44000
6	高中	30000
平均＝49000		

如果假设，平均来说，大学毕业生比高中毕业生的工资要高，那么基于这个样本算出来的 49000 元是高估还是低估了这个总体的工资？很可能低估了，因为这个总体中有一半的人是大学毕业，但小张的样本中，仅有 2 个人是大学毕业。在这种情况下，我们如何通过加权使这个样本的平均工资更接近总体的平均工资呢？

首先，我们算出大学学历者的权重：1/2÷2/6＝1.5，我们再算出高中毕业生的权重：1/2÷4/6＝0.75，再对每个个体加权，如表 5 - 4 所示。

表 5 - 4　6 位被试与他们的收入——加权后

应答者	学历	收入	权重	加权收入
1	大学	60000	1.5	1.5×6000
2	高中	40000	0.75	0.75×40000
3	大学	70000	1.5	1.5×70000
4	高中	50000	0.75	0.75×50000
5	高中	44000	0.75	0.75×44000
6	高中	30000	0.75	0.75×30000
未加权均数＝49000			加权均数＝53000	

我们可以看到，加权后的平均工资比加权前的平均工资要高，这个是必然的，因为我们把2个大学毕业生的工资的权重提高了，同时把6个高中毕业生的工资的权重降低了。如果大学毕业生的平均工资比高中毕业生的平均工资要高，那么我们有信心说，相比49000，53000是更接近总体平均工资的一个数值，但是有多接近呢？还不确定，因为我们不知道总体平均工资。在以后的高阶课程中，大家会学习如何通过以前课程中提到的自助抽样法计算加权标准误。通过计算加权标准误，我们就可以在不知道总体参数的情况下，估计加权样本统计量和总体参数差别有多大。

第四节 观测数据的因果推断

我们在本章伊始介绍问卷调查法时讲到，相较随机控制实验，问卷调查法最大的优势是，在采取了随机抽样后，我们能用样本统计量推断总体参数。这是一个非常有用的优势，因为这个优势意味着我们可以通过研究一个数量有限的群体，去了解一个庞大的群体。但是，与随机控制实验相比，问卷调查法最大的缺陷是做因果推断非常困难，也就是很难基于由问卷调查法获得的数据辨认出一个变量对另一个变量的因果效应。本节中，我们就来讲用问卷调查法做因果推断为什么困难，以及有哪些解决办法。

首先，你也许会问，既然用问卷调查法做因果推断很困难，而用随机控制实验做因果推断相对容易，那我们就不用问卷调查法做因果推断了——凡是要辨认因果关系的，通通做实验。这个想法很好，但现实很残酷，因为很多需要研究者辨认因果关系的课题没法进行随机控制实验。比如，我们在介绍随机控制实验的第一节，就提到“使用社交媒体能否增加用户的社会资本”是一个对传播学者、社会学家、社交媒体公司以及社交媒体用户都非常重要的因果问题。但要回答这个因果问题，我们几乎无法采用随机控制实验。首先，我们不能强制某一组用户必须每天使用10个小时的社交媒体，同时强制另一组用户必须每天使用5个小时的社交媒体；其次，我们既然要辨认社交媒体的使用对社会资本的效果，那么我们就必须严格控制被试通过其他方式增加社会资本的方式，而这就意味着我们要干预被试的社交生活。这种干预一是不可能做到，二是违背科研伦理。所以，用随机控制实验回答“使用社交媒体能否增加用户的社会资本”这个问题是不可行的。类似的还有很多重要、有趣的科研问题（如经济学中经典的“教育能否提高收入”）无法用随机控制实验回答，只能用问卷调查法搜集相关数据。

我们在介绍随机控制实验时说过，随机控制实验之所以能用于辨认因果关系，很重要的一个原因是这个方法满足“可忽略性假设”，即由于随机分配，实验组和控制组的构成是平衡的。具体来说，因为被试是完全被随机分配到实验组和控制组，所以这个分配机制对实验的潜在结果的影响可以忽略。让 D 代表分配机制，$Y(1)$ 和 $Y(0)$ 代表潜在结果，可忽略性假设的数学表达是：

$$D \perp (Y(1), Y(0)) \tag{6}$$

在公式(6)中，$\perp$ 代表“独立于”，那么公式(6)直译过来就是分配机制独立于实验的潜在结果。这句话是什么意思呢？我在学习潜在结果框架时也非常困惑，但当读到唐纳德·鲁宾，也就是潜在结果框架的建立者的“完美医生”案例时，就能明白公式(6)的意思了。我们下面就一起看看完美医生这个例子。

话说有一位医生，她医术高超，经验老到，且有慈悲心肠，当真称得上是“仁心仁术”。现在，这位医生要为 8 名患者制订治疗方案，她有两个选择，即常规手术和新手术。我们用 0 代表常规手术、1 代表新手术，用 $Y(0)$ 和 $Y(1)$ 代表实施两种手术的潜在结果：如果一位病人被实施常规或者新手术，这位病人生存期是多少年。因为这位医生是完美的，所以她能同时知道 $Y(0)$ 和 $Y(1)$，并且绘制了表 5－5。

表 5－5 完美医生(一)

Y(0)	Y(1)
13	14
6	0
4	1
5	2
6	3
6	1
8	10
8	9
平均存活期＝7	平均存活期＝5

我们从表 5－5 中可以看到：第一位病人如果采用常规手术能存活 13 年，如果采用新手术能存活 14 年；第二位病人如果采用常规手术能存活 6 年，如果采用新手术马上就死亡了；第三、四、五、六位病人亦是如此，采用常规手术能活得久些；但第七、八位病人和第一位病人一样，采用新手术活得久些。因为这位医生以治病救人为己任，所以她会采取对每位病人最有利的治疗方案，也就是将常规手术或是新手术根据每位病人的潜在结果分配给病人，所以实际情况是，如表 5－6 所示。

表 5-6 完美医生(二)

W	Y(0)	Y(1)
1	?	14
0	6	?
0	4	?
0	5	?
0	6	?
0	6	?
1	?	10
1	?	9
平均存活期	5.4	11

表 5-6 中的问号表示，一旦实施了某种手术，另外一种手术的结果就无法观测到了。因为实施何种手术是根据每位病人的潜在结果分配的，所以表 5-6 中的结果对于每位病人来说是最好的。但这个手术分配机制对于需要评估两种手术的疗效的科学家来说，却不是好结果。根据表 5-5，我们清楚地看到，采用常规手术的平均存活期是 7 年，而采用新手术的平均存活期是 5 年，也就是说，平均来讲，常规手术的真实效果要比新手术的真实效果好。但是根据表 5-6，新手术的平均疗效看似要比常规手术的疗效好很多，但这个结论是错误的，而导致这个错误结论的原因，就是手术的分配机制没有独立于病人的潜在结果，使得分配机制成为一个混淆因素，它对观测结果的影响不可忽略。

分配机制不可忽略是所有基于问卷调查的研究的通病，也是这些研究难以做因果推断的主要原因。以"使用社交媒体能否增加用户的社会资本"这个研究为例，我们很容易通过问卷调查获得以下两个信息：①每个个体使用社交媒体的时长；②每个个体的社会资本水平。我们也很容易通过统计软件计算出这两个变量间的相关系数，并检验这个相关系数是否显著。假设我们得到了一个显著的正相关，但在我们得出"更多地使用社交媒体能增加用户的社会资本"这个结论之前，我们要考虑这样一个问题：如果我们认为社交媒体的使用是因，那么是什么原因使得一些人比另一些人更长期地使用社交媒体呢？也就是说，"社交媒体使用"的分配机制是什么呢？这个机制有可能是性格（如越内向的人，越倾向在社交媒体上与人打交道），也可能是社会资本（如朋友越多的人，越要花时间在社交媒体上与朋友们交流）。由于我们不知道分配机制是什么，这个分配机制对潜在结果的影响就无法被忽略，我们也就无法用这个数据做因果推断。

要解决这个问题，我们就需要根据理论和先行研究，在问卷中设计更多的问题，争取把“社交媒体使用”的分配机制辨认出来并加以控制，这样我们就能对基于问卷调查的研究进行因果辨认。解决观测数据中分配机制的不可忽略性的办法还有很多，包括采集追踪数据、使用工具变量，以及对数据进行匹配等，这些更高阶的研究方法，就留待以后探讨。

第六章 传播学中的内容分析法

第一节 内容分析法的性质和适用对象

内容分析法和其他的定量方法不太一样，有研究者认为，内容分析法不是一种定量方法。定量方法遵循的是演绎思维，即根据逻辑和文献来提出一些假设，用数据来验证假设，所以，它是自上而下的。最典型的演绎思维是实验法。然而，内容分析法更侧重于归纳，即收集媒体的文本并归纳其中的规律。因此，涉及内容分析法的论文中较少看到研究假设，更多是以研究问题的形式来呈现。除此以外，由于内容分析法所涉及的变量大部分都是定类变量，这就决定了它所涉及的统计手段常常是有限的。当然，要注意的是，本章内容主要指的是传统内容分析法，不包括今天在大数据时代所使用的计算机辅助内容分析法。基于以上两点，一些研究者就认为内容分析法至少不是一种典型的定量方法。

内容分析法的历史悠久。尽管有着不同的观点，但学者们普遍将内容分析法的使用追溯到 20 世纪初期。当时已经有学者通过统计报纸、杂志上某方面的新闻报道，来考察舆论的状况以及其所反映的社会现实。在战争时期，美国著名学者拉斯韦尔领导及组织的研究项目“战时通信研究”，系统地发展和完善了内容分析法。研究者以德国公开出版的媒体信息为对象，通过内容分析法来搜集政治和军事情报。事实上，直到今天，内容分析法都在军事情报领域发挥着重要作用。二战和美苏冷战期间的，技术人员就从交战国的公开新闻中去搜集线索，从新闻中寻找对方政治或社会的变化。

随着和平时代的到来，研究者对内容分析法的应用更加多元，包括政治学、社会学、心理学等领域都开始采纳了这一方法。以下列出了一些传播学中常见的内容分析研究主题。例如，研究者想要讨论媒介世界和现实世界的关系，在现实生活中，环境污染问题可能一度比较严重，但是媒体的报道频次可能没有那么高。如果要讨论这一类的主题，对现实的分析可能要借助于一些统计数据和政府文件，对媒体的分析就要通过内容分析法。再比如，讨论一个时间段内的报道变化。三十年来，《人民日报》的社论是否发生了一些语态上的变化？如以前长句被运用得比较多，而现在句子可能变得更加紧凑，或者社论的主题也可能发生变化。那么，我们通过这样的分析，也许就可以对社会情况做出一些预估。还有一些例子，比如讨论不同媒介对于同一议题的报道，在新冠疫情期间，中美两国媒体是如何进行话语的博弈，报道框架上是否存在差异？这样的研究就会有现实意义。还有研究方法的组合使用，比如传播学经典的议程设置理论、涵化理论等都是把内容分析和问卷调查组合在一起使用。研究中也有把内容分析和话语分析的方法搭在一起，或者是内容分析加上深度访谈。我们可以针对新闻的幕后，如编辑、记者，做一些深度访谈，讨论他们如何去处理新闻事件。若加上对新闻文本的内容分析,两相印证就可以得到更加深入的结论。总之,在今天,媒介越来越发达和重要,内容分析法就有了更大的用武之地。

内容分析法的优缺点有哪些呢?整体而言,它的操作性很强,成本低廉,也相对比较省时间。新闻文本可以在数据库里面找,不需要太多经费的支持。研究者自己再加上一个助理就可以进行编码工作。它的统计也不是很难,这是很明显的优点。因此,在本科生论文中,内容分析法是一种常见的方法。但是,内容分析法也有很多缺点。第一个困难就是编码表。内容分析做得好不好,关键是编码表的质量。在研究初始阶段,要不断地去调整编码表,修改很多轮才能确定下来。这个过程比较烦琐,需要研究者阅读大量的文本,否则就可能提不出很合适的变量。另外,就是编码过程,虽然它看上去是量化的,量化在很多时候会让人觉得它比较科学。但实际上编码过程中有大量主观的判断。为了避免对文本的分析过度阐释或者是断章取义,我们一般会建议由研究助理根据编码表来对文章进行编码。在这个过程中,研究助理的介入,在某种程度上搭建了一个对编码表的共识。最后,内容分析法在解释因果关系的力度上是弱于其他方法的。比如,我们发现各国媒体对新冠疫情的报道存在很大的差异,但数据只能够支撑去描述差异是什么。我们需要寻找其他资料去解释这个差异是什么原因导致的。而实验和问卷调查这两种方法,对于因果关系的论证会更加有说服力。通过实验可以控制自变量的不同水平,来观察因变量随之而发生的变化。在问卷调查方面,也可以通过固定样本研究等追踪调查方法,对于在时间上有先后之分的相关变量进行因果关系的讨论。它们对于因果关系的论证就更加充分一些。所以,内容分析法也有很明显的缺点。

第二节 内容分析法的操作步骤

接下来我们要进入到具体的操作。我们把内容分析法的研究过程分成以下步骤,将介绍每一步中需要注意的事项。

第一步,定义研究问题。比如我们想要知道媒体对某一种疾病的报道。为什么选择这种疾病?主要是研究者个人的兴趣,但我们还需要在理论上进行论述,即它的典型性或象征意义。

第二步,要开始考虑样本的问题。在问卷中我们使用分层、整群等抽样方法,但是新闻的文本会复杂一些。以报纸为例,几千份报纸,我们到底选择什么样的报纸呢?报纸的新闻那么多,是否要选择具体的时间段呢?内容分析中的抽样方法和问卷调查是不一样的。仅以样本量为例,三四百份问卷也许已经可以进行一个量化研究。但三四百篇新闻文本,则远远不够于进行一项内容分析。这是因为内容分析法本来就是一个归纳的方法，如果样本量太少，我们得出有偏误的结论的可能就更大。通常来说，应该有七八百篇，甚至一两千篇比较稳妥。

第三步，研究者需要自己去阅读这些新闻文本。在阅读过程中，逐渐确定所要分析的变量，我们称之为编码表。常见的变量包括新闻的类型、新闻发生地点、信源、报道起因、报道主题、报道框架等。编码表不容易做，例如，报道态度，看上去是很简单的变量，但如果真的去阅读新闻，就会知道其实新闻的态度是比较多义的。文章大部分段落是肯定，但是结尾可能是批评。那么，怎么去判断呢？通常就需要做一个编码手册，列举一些具有代表性的文章，然后把编码的理由详细介绍一下，让编码员能够理解。我们一般建议由编码员而不是研究者去做编码工作。因为研究者自己设计的变量，往往就会觉得很清晰，但是实践证明往往不是这样。同时，如果编码是一个人完成的，就无法用共识的方式去降低主观判断的空间。为了验证编码表的科学性，我们通常会选出样本的5%～10%交给研究助理进行检测，让他们分别针对同一批报道进行编码。然后，来计算编码员间信度，当信度达到了某一个标准，也就是说达成了共识，再继续做剩下的工作。不过，实践证明，对编码员的训练往往是非常必要的，这个过程通常就要经历好几轮，第一轮的信度检测通常是不太顺利的。这个时候就需要去和编码员交流，为什么在阅读时是这样理解的。然后再回过头去修改编码表。最后，就是分析数据和撰写报告。这就是整个内容分析法的操作流程。

第三节　内容分析法的抽样方法

现在展开刚刚讲过的具体细节。第一个是数据库的问题。大部分内容分析的论文都是针对报纸的，这是因为报纸的数据最为完备，可以通过关键词快速检索。在众多中文报刊数据库中，慧科新闻（WiseNews）数据库是比较全面的，它提供1998年后绝大部分华文报纸的新闻数据。当然，也可以直接访问媒体的官方网站。如果要分析的不是报纸，而是电视新闻，那就会麻烦一些。研究者需要去找当时的录像，在分析的时候也无法像阅读文字那样快捷。当然，现在有一些新技术能够提取视频中的音轨，并将其转录为文字，如果进一步普及，对我们做电视的内容分析就会有很大的帮助。如果要分析的是网络数据，例如微博、微信公众号的文章，那就需要使用R语言软件来自己抓取，这些内容在后面的章节中会有介绍。

接下来，我们要考虑样本的代表性。如果针对多个传统媒体做比较性的内容分析，我们要注意，媒体之间是否具有可比性。尽可能日报和日报比、周报和周报比、杂志和杂志比。原因很简单，如果拿杂志和日报去作比较，日报在工作日可能有四五十个版面，而杂志一期可能就只有十几篇报道。基数不一样，报道的百分比就不适合直接拿来作对比。另外，媒体还需要具有代表性，例如，《人民日报》是中国共产党中央委员会机关报，与其他省级党报来比，它的代表性更强。

如果检索到的报道太多，我们要以时间为检索标准再做一个抽样研究。这里有几种常用抽样方法。例如，当你通过关键词去抓取一些微信公众号的文章，这些文章没有明显的结构性特征，就可以用随机数字表，抽选部分文章去做分析，这就是简单随机抽样。系统抽样则是每隔固定的值去选一个，例如，10000 篇文章要选出 1000 个样本，每隔 10 个选取 1 个。

但是，如果你的数据具有周期性，或者具有某种结构性，建议选择连续日期或构造周抽样。报纸在周末时通常报道会减少；两会期间的政治新闻和非两会期间的政治新闻可能不太一样；碰到世界艾滋病日时，相关的健康报道会增加。这些就是我们说的结构性特征。对于这种具有明显周期性或者结构性特征的文本，连续日期和构造周抽样会更加适合。

所谓连续日期抽样，就是随机选择一天，例如周三，再抽选接下来的周四、周五、周六、周日、下周一、下周二，构建出一个星期。这种方法常用于对较短时期内的报道分析。例如，媒体集团上市对相关报道有何影响？选择上市前的某一个星期和上市后的某一个星期，这就是连续日期抽样。

构造周抽样则常用于较长时期的报道分析，它不是自然的一个星期。以在一年中抽取两个构造周为例。大家都知道，一年有 52 周，第一周和最后一周并不是一个完整的自然周，那么，去掉这两周后就有 50 周，上下半年各有 25 周。我们在前 25 周里面抽一个构造周，后 25 周里再抽一个构造周。我随机选择上半年的某个星期一，然后，每隔两周选择接下来的星期二、星期三，一直到星期天。以 2000 年为例，随机抽到 2 月 7 日，这一天是星期一。然后接着跳两周，选择 2 月 29 日星期二、3 月 22 日星期三，一直到 6 月 18 日。下半年做类似的处理。那么，就形成了我们所要的样本，具体见表 6-1。

表 6-1 2000 年的构造周

2000 年	前 25 周	后 25 周
周一	2 月 7 日	8 月 14 日
周二	2 月 29 日	9 月 5 日
周三	3 月 22 日	9 月 27 日
周四	4 月 13 日	10 月 19 日
周五	5 月 5 日	11 月 10 日
周六	5 月 27 日	12 月 2 日
周日	6 月 18 日	12 月 24 日

在一个具体研究中，到底要选择多少个构造周呢？有研究指出，针对报纸，一年两个构造周是合适的，也就是一年选择 14 天。如果换成其他的媒体形式，比如新闻网站，有研究认为至少要抽三四个构造周，才能够使得样本结论和总体情况比较接近。因此，在具体写作时，研究者需要查阅最新的文献资料，根据总体的特征，来确定需要选择几个构造周。

现在我们介绍编码表，这里有一些建议。第一个就是变量的赋值不宜太细，这是因为内容分析不像其他量化方法，条目的界限其实不是特别清晰。例如，我们要编码文章作者的情绪，借鉴问卷的常用量表，将其分为“非常负面”“比较负面”“中立”“比较正面”“非常正面”五个层次，逻辑上没有问题，但操作起来很不容易。一篇文章通过人工编码，就应该给它一定的容错率，界定变量稍微粗略会比较好。就刚才说的情绪态度，正负面及中性三个层次就可以了。当然，也不要分得特别粗略，否则就没有意义了。

第四节　内容分析法中常用的统计方法

一、编码员间信度(Inter-coder Reliability)

内容分析看似非常“科学”，采用了一系列的定量统计方法。然而，正如前文所指，内容分析具有较强的主观性。因此，之所以要找两个或更多的编码员去进行编码，原因就在于我们希望编码的结果是一种共识，而不是个人的想法。这样就可以在某种程度上降低主观判断的空间。所以，即便在一些学术论文中也只有一个人作为编码员，但这并不是值得推荐的做法。就此，本节将介绍两种常见的编码员间信度的计算方法。

1. Holsti 系数

这是 Holsti 在 1969 年发明的一种计算方法，也被称为相互同意度。其计算十分简单，即编码员之间同意的数量与他们可同意的最大数目之间的比值。由于统计上过于简单，SPSS 等统计软件中并没有提供这种工具，研究者一般都是通过手工计算来求得。其公式为：$2\times M/(N_1+N_2)$。M 是编码员间共同同意的数目，N_1 和 N_2 是指两个编码员可同意的最大数目。例如，表 6－2 中，报道态度的 Holsti 系数是：$2\times4/(5+5)=0.8$；报道主题的 Holsti 系数是：$2\times3/(5+5)=0.6$；报道框架的 Holsti 系数是：$2\times5/(5+5)=1$。如果有多个编码员，有的研究者采用两两计算并最终算均值的做法。所以，这种方法比较简单，由于操作性强，不少论文的撰写者都在使用。但是，要注意的是，Holsti 系数并不是一种稳健的方法。即便让编码员蒙着眼睛去做编码，因为随机性，也会出现打分相同的情况。这种计算没有控制随机出现的相同数量。所以,虽然它容易报出一个比较合理的数值,但是严格来说,并不是特别稳健。

表 6-2 Holsti 系数计算示例

类别 文章序号	报道态度		报道主题		报道框架	
	编码员 A	编码员 B	编码员 A	编码员 B	编码员 A	编码员 B
文章 1	1	1	2	2	3	3
文章 2	1	2	3	3	1	1
文章 3	2	2	1	1	1	1
文章 4	3	3	2	1	2	2
文章 5	1	1	1	2	3	3

注:报道态度、报道主题、报道框架等三个变量的取值水平为 1、2、3。

2. Cohen's Kappa 系数

与直接计算相互同意度不同,Cohen's Kappa 系数(以下简称 Kappa 系数)考虑了随机一致率对于结果的影响。它是由科恩(Cohen)在 1960 年所提出的一种统计方法,即把观察到的相互同意度减去因为概率而可能出现的相互同意度,所以,在同一个数据中,Kappa 系数结果是普遍低于 Holsti 系数。其计算公式是:Kappa=$(P_0-P_e)/(1-P_e)$,其中,P_0是观测到的编码员间的一致程度(观察符合率),P_e是因为概率而导致的一致程度(机遇符合率)。举例如下:两位编码员对报道的类型进行编码,报道类型包括新闻和评论两种。编码员 A 认为 75 篇报道中有 45 篇属于新闻,占 60%;另外 30 篇属于评论,占 40%。然而,编码员 B 认为只有 44 篇属于新闻,占 58.7%;另外 31 篇应该属于评论,占 41.3%。俩人达成共识的篇数是 68 篇(即 41+27),我们可以计算得出其中的 $P_0=0.907$,即$(41+27)/75\times100=90.7\%$。他们相互同意的数量分别是 41 篇(都认可属于新闻)和 27 篇(都认可属于评论),但在 7 篇报道的类型划分上存在争议。如果两个编码员完全采用随机的方法进行报道类型的划分,计算的方法稍复杂一些。我们只去分辨那些已经是相同的答案中有多少比例可能是因为随机性而导致的。已知前提:编码员 A 认为 60%的报道是新闻,当他不带任何想法,随机地去看编码员 B 的分类结果,在被编码员 B 分类为新闻的 44 篇报道中,应该有 60%的概率也可能被归为新闻类,即 $44\times0.6=26.4$ 篇。而对于编码员 B 认定的 31 篇评论中,则有 40%的概率也被编码员 A 认定为评论,即 $31\times0.4=12.4$ 篇。机遇符合率=$(26.4+12.4)/75\times100=51.7\%$。换言之,即便两个编码员胡乱地重新进行编码工作,在编码结果一致的报道中,也可能有 51.7%的概率是相同结果。套用上述 Kappa 系数公式,Kappa=$(90.7\%-51.7\%)/(1-51.7\%)=0.81$。可见,同一数据,用 Kappa 系数计算出来的数字会比 Holsti 系数更低一些,因此,Kappa 系数在

0.5～0.6 都是可以接受，而 Holsti 系数一般要达到 0.8 以上。需要注意的是，编码员间信度统计要进行很多轮。过程中一定会出现很多问题，我们也要不断去调整编码表。如果有一个变量，两个编码员的理解很不一样，那么就要去和编码员商量并修改编码表。Kappa 系数计算示例如表 6－3 所示。

表 6－3　Kappa 系数计算示例（两位编码员对报道类型的编码结果）

编码员序号（列）／类别／编码员序号（行）		编码员 A		
		新闻	评论	总计
编码员 B	新闻	41	3	44(58.7%)
	评论	4	27	31(41.3%)
总计		45(60%)	30(40%)	75(100%)

二、卡方分析(Chi-square)

在 1900 年，皮尔森发表了有关 Chi-square 检验的文章，又被翻译为拟合优度检验。它是依据总体分布状态，计算出定类变量中各类别的期望频数，与分布的观察频数进行对比，判断期望频数与观察频数是否有显著差异。在内容分析中最常见的统计分析法之一就是卡方分析，这是因为人工编码的变量常常是定类变量，如报道框架、报道主题、报道地点等，而卡方分析常用于处理定类和定类变量之间的关系。我们可以借助卡方分析来研究两份报纸在报道的类型上有没有显著的差异。那么，为什么叫作卡方呢？要注意的是，卡方所对应的字母是希腊字母 χ。有一些不严谨的期刊或者图书作者或编辑，会把这个符号错误地录入为英文的 X，这就使得部分读者将这种统计方法也读错了，此处应该读作Chi-square，翻译过来就是卡方检测。此外，进行内容分析还可以用一些其他的统计方法，例如报道态度就可以使用定序变量(1＝负面，2＝中立，3＝正面)。两份报纸在报道态度上是否存在差异，类似研究问题就可以采用 t 检验、方差分析或回归等其他统计方法。

特别需要注意的是，我们必须要了解卡方分析的局限性。我们来看一下这个例子，卡方分析实际上就是把实际的数值和期望的数值去作比较，看实际情况离期望数值有多远。表 6－4 显示了不同儿童对于电视台所播放的节目的偏好。我们一共提供了 6 个节目，有 85 个小朋友喜欢看第一个节目，有 80 个小朋友喜欢看第二个节目，以此类推，这就是我们实际观察到的数字。我们的假设是小朋友们在这 6 个电视节目上的选择是有偏好的。那我们所建立的零假设就是小朋友们选择观看这 6 个节目时没有显著差异。如果没有显著差异，数据应该如何分布呢？答案显然应该是每个节目都有1/6的人喜欢，这才叫没有差异。换句话说，就是每一个节目应该都有 50 个小朋友喜欢，这就是我们的期望值。于是，我们就看实际情况离这个期望数值到底有多远。

表 6-4　卡方分析计算示例

节目编号	观察频次 f_0	概率 π（若 H_0 为真）	期望频次 $f_e=n\pi$	偏差 f_0-f_e	偏差平方及加权结果 $(f_0-f_e)^2/f_e$
1	85	1/6	1/6×300=50	35	24.5
2	80	1/6	50	30	18.0
3	55	1/6	50	5	0.5
4	10	1/6	50	−40	32
5	40	1/6	50	−10	2.0
6	30	1/6	50	−20	8.0
合计	300	1	300	0	$\chi^2=85.0, P<0.001$

接下来的做法有些类似于计算标准差。我们把实际观察到的数值和我们根据零假设建立的期望数值相减，但这个偏差有负有正。所以，就将偏差都做平方处理，最后将每一个数值离零假设的偏差汇总在一起相加，得出来的数值就是 chi 值，在这里是 85。我们根据 chi 值和 df 值，去得到 p 值的大小。现在请大家思考一下样本量对于卡方统计的影响到底有多大？假设现在不是有 300 个样本，而是 3000 个样本，但数据结构一模一样。也就是说，有 850 个小朋友喜欢看第一个节目，有 800 个小朋友喜欢看第二个节目，有 300 个小朋友喜欢看第六个节目。这些数字都被放大了 10 倍。然而，再计算就会发现 chi 值也随之放大了 10 倍（见表 6-5）。如果只有 30 个样本呢？chi 值也会缩小 10 倍。在 chi 值=8.5、df=5 的情况下，结果就不显著了。这就说明卡方分析受样本规模的影响非常大。

表 6-5　卡方分析计算示例(样本量增长 10 倍)

节目编号	观察频次 f_0	概率 π（若 H_0 为真）	期望频次 $f_e=n\pi$	偏差 f_0-f_e	偏差平方及加权结果 $(f_0-f_e)^2/f_e$
1	850	1/6	1/6×3000=500	350	245
2	800	1/6	500	300	180
3	550	1/6	500	50	5
4	100	1/6	500	−400	320
5	400	1/6	500	−100	20
6	300	1/6	500	−200	80
合计	3000	1	3000	0	$\chi^2=850, P<0.001$

在实际操作中，它会影响到什么呢？比如，有8000多篇新闻报道，那么，所谓显著的差异并不一定是真的有什么区别，而是因为数据量堆出来的。所以，内容分析的篇数也不宜过大。比如说拿七八千篇新闻来做内容分析，这也不一定是好的选择。一般认为，七八百篇到两千多篇是比较合适的。对于内容分析，样本太少或者是太多都不是很好的选项。此外，也有统计学家提出，列联表中每一格的期望频数不宜小于5，即使放宽要求，小于5的占比也不能超过20%。例如3×5列联表共15个格，期望频数小于5的格子不能超过3个。否则，需对卡方值加以修正。最后，卡方分析的局限性还在于它只能回答两个变量间是否有差别，但结论不够有力。如果处理的变量层次高于定类，改用其他统计方法会更合适一些。

第五节　计算机辅助内容分析

传统的内容分析主要基于人工评定，编码员需要具有较高的专业素质，评定标准存在一定程度的主观偏差，而且面对大规模的文本数据，使用传统方法将会带来巨大的人力物力消耗。为了更有效地进行海量文本分析，计算机辅助文本分析方法应运而生。在本章中，笔者也展望了这些新的内容分析方法。例如，用文本分析工具"语言探索与字词计数"(Linguistic Inquiry Word Count，LIWC)对文本的情感做判断，用语义网络分析呈现文本的特征，用共词分析来显示文本的词群特征等。以下就部分常见计算机辅助内容分析的方法做简单介绍。

一、词频分析与情感词典

中文分词是一个将汉字序列切分成一个个单独词语的过程，分词是实现文本研究最基本的部分，几乎所有模型的训练语料都要求为文本分词后的数据。由于英文以单词为单位、以空格为分隔的特点，其在分词上具有巨大的便利性，相对而言，中文因为词语之间的紧密联系，和自身常用词语、短语、俗语等复杂的表现形式，因此中文分词具有很大的不确定性。目前常用的分词工具包括jieba、ICTCLAS、LTP分词系统，其中jieba作为专门使用Python而开发的分词系统，占用资源少，在分词的精度和时间速度上都占优势，特别是对常识类文档的分词精准度较高。为了提高分词的准确率，研究者常常会在分词库的基础上通过人工整理形成自设保留词并将其加入基础分词库中，形成最终需要的词典。

在分词的基础上，研究者可以利用LIWC等文本分析工具，对文本集中能够体现用户情感态度的词语进行挖掘和分析，这是体现人对人、事、物和话题的观点、情绪、情感、评价和态度的计算研究。常见的分析方法可分为依赖已有情感词典的分析，以及依托于计算机情感模型的分析。前者通过构建情感词典，将文本进行预处理后作为词典的语料来源使用，对文本提取情感词、识别情感的搭配，并计算文本情感值，从而获得每一条文本的情感统计数据。后者则如长短期记忆（Long Short Term Memory，LSTM）网络模型以及其他神经网络模型，通过深度学习和训练以期有效模拟真实人脑的学习方式，对大量输入的文本信息实现高效的分析。

二、基于主题模型的文本语义分析

Blei等人于2003年首次提出了一种具有三层次的贝叶斯结构的潜在狄利克雷分布（Latent Dirichlet Allocation，LDA）模型，该三层结构要素分别包括词汇、主题和文档。当研究需要对大量相似的文本进行比较分析时，LDA模型可以用于推测文档的主题分布，它可以将文档集中每篇文档的主题以概率分布的形式给出，根据主题进行主题聚类或文本分类。因此，LDA模型的主要任务是通过对词语、文本和主题之间关系的分析，对大量文本进行主题归类。在各类主题模型中，LDA模型是应用较为广泛的一种，也被称为语义模型，目前主要被应用于学术文献分析、热点话题识别和主题演化分析等领域。

例如，我们可以利用LDA模型分析在线视频中的弹幕内容，对弹幕文本进行主题聚类，确定用户观看聚焦的具体内容、热点话题及演化趋势。主题演化的建模通过Python代码实现，具体来说导入了第三方包Sklearn中的component函数等。LDA模型的建模过程可以概括为利用计算机算法不断迭代抽样文本中每个单词的主题，并且根据每次迭代的结果以估算模型中重要未知参数的值，以此得到“主题-词”的分布，整个文本建模过程简述如下：①先进行文档文本数据的初始化，随机给文档中每个词指定一个主题；②对整个文档数据进行全部扫描，利用LDA模型的抽样算法（可通过Python算法包实现）重新采样每个词的主题，并更新结果；③在抽样过程实现平稳分布（收敛性）之前，不断循环第二步；④统计文档数据集中的“主题-词”共现频率矩阵，获得k个主题及每个主题所对应的单词概率分布。

这些都是做计算机辅助内容分析常见的做法。它们不依赖人工编码，而是依赖计算机所进行的语义识别。这种方法可以通过选取特征词和高频词的词频统计，对文本的整体情况进行分析，为后续的模型学习奠定基础，并使得分析维度更加多样。

第七章
FG座谈会方法

第一节 FG座谈会的界定、特征与使用情境

一、FG座谈会的界定和特征

焦点团体座谈会(Focus Group Discussion,以下均简称FG座谈会)是一种围绕研究者确定的话题,通过群体互动讨论的方式来搜集数据的研究方法。

这是围绕某一个或两个焦点问题的团体座谈会。FG座谈会由经过慎重选择的6~12人组成一个焦点小组,由一名经验丰富、训练有素的主持人在准备充分的情况下实施。这也是民意研究中非常实用和有效的定性研究方法。

FG座谈会主要用于回答需要深度探索,难以用结构化问卷来回答的问题,比如心理动力、深层动因和差异理解等。相比结构化问卷等方法,FG座谈会更有助于了解人们的想法以及人们为何这样想。鉴于调查效果在很大程度上取决于主持人的水平和能力,因此FG座谈会对于主持人的要求非常高。一名专业的FG座谈会主持人的工作,具有极强的专业技术特征。

作为一种社会科学研究方法,FG座谈会大概是除内容分析法之外,另一种与传播和媒体研究有深厚渊源的方法了。FG座谈会最早起源于20世纪40年代初期的说服传播和大众传播效果研究中。为什么不同的广播节目受到的喜爱程度相差悬殊。当时负责进行广播研究的机构——哥伦比亚大学广播研究室及其负责人保罗·拉扎斯菲尔德(Paul Lazarsfeld)在1941年邀请了社会学家罗伯特·默顿(Robert Merton)来协助他开展对广播节目受众的研究。默顿和拉扎斯菲尔德当时不满意于简单的数据统计,比如对广播节目的积极或消极反应,从而开发了这种研究技术。

20世纪60年代,FG座谈会在学术界使用得并不多。FG座谈会主要是在商业研究、市场研究中逐步被广泛使用。针对数据质量、分析深度和比较研究的严密程度,FG座谈会都是一种经济又实惠的研究方法。FG座谈会不仅仅适合于市场研究,也有助于学术研究者挖掘群体评估背后的意义,有助于了解群体评估的不确定性、模糊性和群体动力,从而揭示在日常环境里规范人们行为,但被人们视为当然的群体规范和社会过程。总之,作为针对一种小样本(Small-N)的研究方法,其潜力非常大。FG座谈会很适合与其他研究方法搭配,来做决策过程、意义发掘、因果机制等深度探究。

二、FG座谈会的使用情境

在什么情境下使用FG座谈会?FG座谈会最好与其他方法搭配使用。以下几

种话题均适合使用FG座谈会，比如：①搜集背景信息；②问题诊断，探索解决问题的方案；③激发新的思想或识别新的关系；④产生新的研究假设；⑤评估效果；⑥解释量化的调研结果。

当然，和任何数据搜集方法或工具一样，FG座谈会只合适在一些特定的情境下使用。在一些情况下是不太适合使用FG座谈会的，比如：①涉及敏感问题；②需要采集量化的数据；③情感色彩浓厚的话题，因为可能会引发激烈的争辩；④所分享信息的比较私密。

第二节　FG座谈会与会人的遴选、招募和数量

一、FG座谈会与会人的遴选

FG座谈会与会人的甄别条件，最为核心的就是与会人是和研究的问题或话题有关联的人或受其影响的人。一般而言，FG座谈会与会人的遴选遵循同质性的陌生人原则。这里有两个要点。第一，同质性。这意味着在人口特征、社会特征、心理特征、生活经验等方面具有相同、相近或较大的交集。第二，陌生人。这是指参与FG座谈会的人彼此之间不应该是生活或工作中的熟人。避免熟人一起参会的一个重要原因，是熟人之间在会议中更容易受到同伴压力的影响，从而不愿意敞开地表达个人意见。实行陌生人原则不仅是考虑到有限样本的分布会更为广泛和多元，而且也是考虑到在人际交往中和陌生人沟通所具有的安全感。通常情况下，在熟人群体中多少会有一些已经确定的交往限制和规则，从而影响由FG座谈会主持人推动的新型互动。

但是，也有一些特殊话题的FG座谈会在熟人之间进行。这些FG座谈会可能是在家庭成员、社区成员或同事同伴中开展。在熟人关系为纽带的FG座谈会中，与会人之间是熟人关系，而与会人和主持人之间则是陌生人关系。如何促进与会人与主持人默契配合，以及如何激发与会人在熟人关系为纽带的FG座谈会中充分自如地开展讨论，则需要在FG座谈会提纲设计和主持策略等方面特别下功夫。

二、FG座谈会与会人的招募

要想获得合格且合乎研究要求的FG座谈会与会人，需要掌握三个原则。

1.尽可能多的与会人推荐渠道

FG座谈会与会人大多数情况下都可以通过非随机的方式来获得。为了扩大推荐和招募渠道，可以通过招募员来协助招募与会人。在比较复杂的招募工作

中，比如需要在地理位置、职业、工作资历以及其他适用条件的范畴里物色与会人，那么会议助理还可以制订一项招募的配额表，以便进行适当的流程控制。

2. 候选与会人的数量要多出实际所需要的与会人数量

通过不同渠道招募的候选与会人汇总在一起后，其数量应该比实际所需要的与会人数量多出2倍左右。比如一组预定的FG座谈会需要8个人参加，那么初步招募阶段就应该要有16～20位候选与会人，甚至更多。候选与会人之所以不能太少，是因为较多的候选人除方便择优“录取”之外，也可以确保有足够的储备以防万一。通常情况下，从预约到实际开会，可能会有30％～50％的候选与会人会在中途因为改变主意或不可控因素，最终不能参会。

3. 严格的筛选和过滤程序

筛选和过滤程序包含了多次的条件鉴别和邀约相结合的工作。招募员首先根据对与会人的基本要求，对候选与会人进行判别，以确定其符合基本要求，并记录下联系方法，这样就构成了一个可以放入候选与会人库的对象。紧接着工作人员用正式的过滤问卷对候选与会人进行鉴别，并对合格的候选与会人做正式的过滤访问和口头邀请。

三、FG座谈会与会人的数量

通常情景下，常规的FG座谈会与会人一般是6～10人。而一些特殊主题的FG座谈会与会人可能会多一些，比如15人左右，甚至更多；或更少，如4～5人。如果每个FG座谈会持续2小时，除去主持人所占用的时间，8人参加的座谈会中，每个与会人发表意见的时间在15～20分钟。如果与会人增加到12人，那么每个与会人的发言时间就只有10分钟左右。作为一种旨在做深度挖掘的质化研究方法，发言时间过短，其实际效果就会受到影响。鉴于此，FG座谈会的规模一般都控制在6～10人。

第三节　FG座谈会的准备：提纲与会场

FG座谈会提纲是主持人用以组织会议、激发讨论和探究发掘等具体工作的纲要和指南。它类似于话剧或电影的脚本，详细地规划了在会议进展到不同阶段的任务、主题和计划使用的测探方法等。由于FG座谈会提纲的主体内容是主持人围绕主题提出的各类问题，因此FG座谈会提纲也被称为是FG座谈会问题提纲。

一、FG 座谈会提纲准备的三个原则

1. 焦点研究

“焦点”指的是 FG 座谈会提纲的问题拟定，要聚焦在 1～2 个主题上来展开，并锚定主题来提出不同类别和层次的问题，从而深入地发掘和测探与会人的意见及其差异。FG 座谈会最忌讳的是问题太多且彼此之间缺乏有机联系，不能构成对主题的深度探究，以至于散焦。散焦的探究虽然可以获取很多关联话题的信息，但是往往无法深入，而这也就与 FG 座谈会作为一种研究方法深度探究的初衷是悖逆的。

2. 群体互动

开展群体互动研究（而不是以个体为考察对象）的主要原因是要观察个体是如何及为何接收或拒绝他人的意见或看法。这可以有助于识别群体动力如何影响个体的感知、信息处理和决策过程。在集体参与的氛围和环境中，研究者可以最大限度地调动集体的智慧，推动与会人群策群力，一起参与对相关问题解决方案的构思和探讨。通过彼此脑力激荡和去伪存真，比较不同方案的优劣，共同商议解决办法。

3. 深度数据

FG 座谈会的群体现场即兴互动，有助于获得一些超越表面解释的对问题的深度理解，尤其是一些测探技术和群体参与的工具，有助于揭示影响特定行为的深层情感、偏好和动力。此外，还要激发群体参与者之间开展互动，如与会人通过相互补充或纠正、意见碰撞和激发，讨论内容会比单个访谈更为丰富和深入。

二、FG 座谈会提纲的类别

FG 座谈会提纲可以大致分为三种类型，分别是主题式、问卷式和剧本式。

1. 主题式提纲

这类提纲列明了本次研究中的核心要点。主题式提纲比较适合成熟和经验丰富的 FG 座谈会主持人。因为主题式提纲赋予了主持人比较大的自由发挥空间，尤其是在把握问题和挖掘空间的深浅程度上有较大主动性。具体见图 7－1。

2. 问卷式提纲

问卷式提纲比较详细地罗列了研究者所关心的问题，并可以确保问题不会被遗漏，同时也提供了较为一致的、可以比较的主持方式。问卷式提纲比较适合于多组别的、大规模的和复杂的研究主题，尤其是如果在同一个项目中有不同的主持人负

典型的FG座谈会主题式提纲

(1)与会人对于核电方面的相关新闻的关注程度及原因。
(2)与会人获取新闻的渠道情况、渠道偏好以及原因。
(3)请大家预测二十年后的主要能源形态。请大家列举前三位的，主持人重点追问为何列举这三样。
(4)主持人看是否有人列举核电，若有则追问其对核电优劣势的了解情况。
(5)在核电的这些优劣势中，与会人认为对于中国当下而言最重要的是什么及其原因。
(6)与会人阐述对现有核电设施的态度，并阐述影响核电接受的因素。
(7)与会人论说社会信任水平与核电之间的接受度。
(8)与会人对于计划建设核电项目的态度及其原因。

图7-1 FG座谈会主题式提纲

责不同场次或城市的FG座谈会，那么问卷式提纲会更适合。问卷式提纲的不足，是由于问题和问法都事先确定，因此可能会限制主持人能动性和创造力的发挥。具体见图7-2。

典型的FG座谈会问卷式提纲

(1)你是否曾经关注过核电方面的相关新闻呢？若有，是否还记得大致是什么样的新闻？若没有，是什么原因呢？是不太感兴趣（若此原因，要追问为什么）、相关新闻太少见了，还是其他原因？
(2)现在大家的新闻获取渠道都比较多，比如报纸、电视、互联网、微博、微信等。请问，若将这5个新闻渠道比作你生活中的一个社会角色，如爷爷奶奶、爸爸妈妈、兄弟姐妹、同学、闺蜜等，你会做怎样的类比呢？
(3)若请大家预测，二十年后的能源（主持人注意：不是新能源，而是能源）来源中，哪些会是未来社会的主要能源形态？请大家列举前三位的，主持人重点追问为何列举这三样。
(4)主持人看是否有人列举核电，若有则追问其对核电优劣势的了解主要有哪些？
(5)在核电的这些优势或劣势中，你觉得哪一项对于中国当下而言是最重要的？为什么？
(6)对于核电，有人支持，有人反对，也有人保持中立。请问大家的态度是什么？支持或反对以及中立的理由是什么？（主持人注意追问影响大家对核电态度的各种因素，如核电的优势、劣势，核电站的信息公开、对政府的信任、对核电的熟悉程度以及核电站的安全运行）
(7)若核电企业邀请大家去参观，大家会有兴趣参加吗？大家在什么条件下，对核电的信心可能会增加一些？（是政府的背书、科学家的支持、核电企业更加透明开放、普通人参与核电相关的决策如核电项目选址等，或者是其他？主持人不要主动提及这些内容，但可以适时追问）
(8)【小游戏：图绘表情】我们再请问大家做一个小游戏。请问，如果有核电站计划建在您所在城市或附近区域，你的第一反应是什么？请大家尝试用图画一个你的表情，并再用几个字写一下这是一种怎样的表情。（主持人注意追问为什么是这样的表情）

图7-2 FG座谈会问卷式提纲

3. 剧本式提纲

剧本式提纲是三种类型提纲中最为详尽的，罗列出了主持人在不同阶段的工作要领、问题及其问法，甚至列出了对现场可能发生事件的应对预案。这对整个会议进程的控制力更强，特别适合于内容复杂、组别多样的研究。这种提纲的不足，是需要较长时间的准备。由于对会议进程做了非常细致的规定，容易导致主持人的主持过程变得程式化。在这种情况下，主持人需要有足够的能动性，即时根据临场变化做出适应性的调整。具体见图 7－3。

对核电的认识与态度 FG 座谈会提纲

目的

☐ 探索大学生对核电的认识与态度
☐ 了解影响大学生对核电的认知与态度的各类因素

会务准备：

✓ 每位与会人面前都有 1 支笔和 3 张 A4 白纸，其中 2 张用于讨论，1 张用于写名牌；
✓ 准备好 2 支能清晰录音的录音笔，并确保电量足够；
✓ 每场 FG 座谈会都准备适量的小食品和方便吃的水果；

介绍（5 分钟）

大家好！感谢各位拨冗来参加我们的座谈会。我叫刘鹏，是中山大学传播与设计学院硕士研究生。我正在完成我的硕士毕业论文，题目是“大学生的核电认知与态度研究”。召开本次座谈会的目的主要是了解大家对核电的认识情况以及态度，主要用作学术研究，不会泄露个人信息，也不会涉及敏感问题，请大家放心发言。

在这里，我们欢迎每一位与会者充分地表达自己的意见，我们认为不同的意见可能正包含着不同的看法，所以这些意见并没有对错之分。我们的讨论会发言不设置先后顺序，大家可以自由发言。以往的每一位座谈会的与会者都给我们提供过许多有价值的信息，今天我也同样期待着各位的积极参与，同时我也希望下面我们一同度过的时光对您来说也是一段有益的经历。我们先来请各位做一个简要的自我介绍。

图 7－3 FG 座谈会剧本式提纲(局部)

三、FG 座谈会会议场所与设备准备

FG 座谈会的会场设置和普通会议有一些不同。

如果是专门的 FG 座谈会会议室，一般会配备单面镜。在单面镜的背后会有一个观察室。在观察室可以看到会议室的全景和所有与会人。而会议室内则有一张圆形或椭圆形桌子，可供 6～12 人宽松地入座。会议室内还会设置记录席，以及可供观察和录像的摄像镜头、录音设备。

如果是在非专业/非正式的会议室召开 FG 座谈会，则需要尽可能考虑与会人的方便，并在与会人熟悉的环境里进行。比如，根据研究的需要，在与会人的家中、所

在小区、学校或餐厅等召开。这种 FG 座谈会会场内一般会设置录像设备,但是可以使用录音,同时也可以安排观察人员在旁边,但不介入会议。在布置会场的时候,尽可能使用圆形桌子,以避免无意地显示与会人的地位差异。此外,FG 座谈会可能使用到的各种展示设备,比如展示板、黑板、纸张、笔墨,一些可能要用到的道具,比如图片、照片、积木、硬板等,也需要预先准备。

第四节 FG 座谈会的流程与现场控制

一、FG 座谈会的流程

通常来说,FG 座谈会的会议时间是 1.5～2 个小时。一个典型的 FG 座谈会,大致包括:开场白暖身题→爬坡题→第一核心题→过渡题→再度爬坡题→第二核心题→下坡题→结束题(见图 7－4)[①]。从这个结构图,我们可以看到,FG 座谈会的时间分布中,有 50%～60%的时间是分布在两个核心主题的讨论当中。

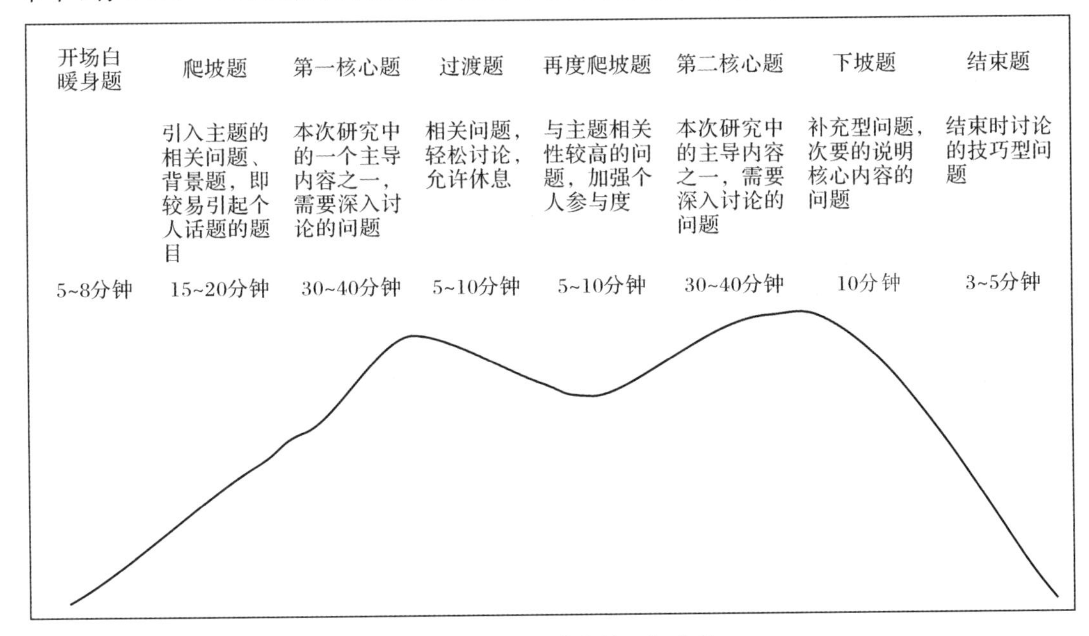

图 7－4 FG 座谈会的一般流程

1. 开场与暖身

开场部分的主要内容是主持人自我介绍、解释会议的目的、解除与会者的顾虑以及宣布会议规则等,目的是让每个与会人都开口说话,也为大家彼此了解奠定基

① 袁岳,张军. 神奇会议:如何召开座谈会[M]. 北京:机械工业出版社,2006:106.

础。在这个阶段，要尽可能涉及一些既可以活跃气氛，又与目前场合、话题背景契合的问题，目的是缩短主持人和与会人，以及与会人之间的距离，减少陌生感和紧张感，找到一些大家都感兴趣的话题来打开话匣子，比如与会人的个人爱好、与会议主题相关的当下新闻等。

2. 爬坡与过渡

此阶段是从介绍性问题转向核心问题的转化点。过渡性问题会更为深入和具体，一般作为开启核心问题讨论之前的铺垫性问题，可以将核心问题的讨论开启得更为自然。

3. 核心问题

这是全项研究的基础，也将成为后续分析的主要素材，同时也是研究的重点部分。如果说开场问题和过渡性问题，都多少会有一点依照惯例要求的话，那么核心问题讨论部分，则格外强调和体现这项研究的独特性和专门性。主持人需要对核心问题有深入的了解，并将占用 FG 座谈会的绝大部分时间。这个环节也需要较多地使用 FG 测探技术，以便将讨论引向深入。

4. 结束时的问题

这类问题既可以是对已经进行讨论问题的评论，也可以是从一个特别的角度对自己的想法进行总结。一般有三种题型可以用作 FG 座谈会的结束语。一是全盘考虑后的结论。“请用一句话总结一下您对这个问题最确切的看法。”这种总结，对于研究人员后续的分析会很有帮助。二是结论征询式的问题。主持人用2～3分钟对核心问题及讨论中出现的重点做一个小结，然后征询与会人的评论，例如：“我这么说是不是准确地反映了大家刚才的意见？是否还有什么内容没有包括在我的总结中？”“还有什么重要的内容没有被总结在里面吗？”三是最终提问。这是一个保险的提问方法。主持人可以重申一下本次研究的目的，然后询问与会人：“我们刚才讨论了很多重要问题，是否还有大家觉得应该讨论却还没有讨论的问题呢？”

二、FG 座谈会的现场控制

1. 使用开放题

FG 座谈会的基本题型是开放题。开放题是由与会人来决定问题答案的题型，提问者不能暗示答案。通过开放题获得的是与会人心中所想的内容，而不是提问者心中所想要的内容。在 FG 座谈会主持中，特别需要注意的是，避免或慎重使用隐形的封闭题，尤其是是非题。是非题会导致主持人和与会人之间的互动停留在表面，而且会使会议缺乏互动。举例来说，典型的封闭题/是非题：“请问有人喜欢这种颜色吗?”而开放题则是:“大家对我手里拿着的这张卡片的颜色有什么感觉或联想?”

2. 谨慎举例

在FG座谈会中,主持人要注意避免举例。主持人要多表现出耐心和倾听的意愿,而避免参与到问题的回答中,尤其是要避免在启动对某一个问题讨论的时候,使用举例的方法激发大家的讨论。因为主持人举例实际上是约束了与会人的想象,框限了与会人的回答。

3. 避免失控

针对发言过多者,可以说,“现在让我们来听听其他朋友的想法”“其他朋友或许有一些有意思的想法需要跟我们分享”,并且要避免和发言多者的目光接触。针对“开小会”现象,可以直接点名与会人有意见可以与大家一起分享。针对争吵,甚至冲突无法解决的情况,则要考虑请会务助理将固执己见者单独请出会场,对其做单独访谈,并不再安排其回到会场。

第五节 FG座谈会对主持人的要求

一、FG座谈会主持人应具备的素质

一般而言,FG座谈会主持人应具备以下素质[①]。

1. 亲切且坚定

主持人需要有平和的个性,以创造必要的互动;同时,又要有足够的自信,以便建立和推动沟通进程的权威性。

2. 敏感和警觉

对于值得深入发掘和追问的时机,善于适时地跟进;对于FG座谈会的氛围若出现偏离主题,能够保持高度的警觉。

3. 介入和推动

主持人要善于鼓励和推动与会者积极参与,并愿意表达自己的意见。

4. 谦逊乐学

主持人需要通过显示了解程度的不够,追求更深层次的知识,并鼓励与会人提供更为具体和细节的信息。

---

① 袁岳,张军. 神奇会议:如何召开座谈会[M]. 北京:机械工业出版社,2006:131.

5. 善于激励

主持人必须高度重视参与较少的与会人，并推动全体与会人表述自己的意见，加入互动。

6. 灵活性

主持人必须要以最适当的方式调整预定的提纲，以适应与会人相关信息表达的需要。

7. 掌控

主持人应该在理性和感性两个方面及时调整会议气氛和互动进程，并保持对会议进程的控制。

二、FG座谈会主持人的职责

FG座谈会主持人最大的职责是推动与会人形成多元互动的氛围和场景。在典型的FG座谈会中，与会人不是单独地与主持人说话，而是所有与会人之间互动和交流，因而激发与会人之间的思想碰撞，是非常重要的手段。

FG座谈会中，与会人也可以向其他与会人或主持人提出问题，其他与会人来回答。当与会人向主持人提出问题时，一般应该请其他与会人来回答，主持人不宜回答，这是因为FG座谈会的目的是要发掘和探究与会人的深层想法，而不是主持人的想法。与会人可以对其他与会人的回答表示支持、反对，可以发表自己的评论和举出例证。

三、主持人的深度发掘策略

在FG座谈会当中，主持人除推动多元互动的场景之外，还应做好适时、恰当和准确的跟进和追问等深度发掘，这是主持人的另一个重要职责。主持人的一般性追问策略，通常都会在提纲中预先设计。在具体的会议进程中，主持人还应注意以下几个方面。

1. 核心概念

与会人提及一些和研究主题相关的重要词汇，比如态度、认识等，以及一些表达态度的形容词，比如喜欢、差不多、还可以等，通常都是追问的重点。对于相关的重要概念和表达态度的形容词，与会人的表述通常都会较为笼统，但是对于质化研究而言，研究者最需要的是超越表层的深度理解。因此在这种情况下，都要对与会人的这些表述跟进和追问，探究与会人的真实想法。比如如果与会人提及形容词“喜欢”，那就很有必要进一步追问，“喜欢”是在什么情境下产生的。换言之，凡是遇到形容词，都要更深入地追问其实质的含义，以及这种表达态度和感受的形容词是发生在什么具体情境中。通过这样的追问，与会人的想法就会得到更深入的发掘，而不至于停留在表层、模糊和一般性的陈述中。

2. 情节和细节

与会人在列举和陈述与研究主题高度相关的个人经验的时候，通常会按照自己的逻辑铺陈故事，这个时候主持人需要适时地配合和激励，追问相关的情节和细节。笔者在多年前参与一场关于公众对于核电的认知和态度的FG座谈会时，有与会人谈到自己对于核电的积极立场，并讲述了自己家乡由于煤炭的大量使用而严重污染当地空气的故事。在这种场景里，主持人通过追问，可以获得非常多的具体、细腻和鲜活的情节和细节，而且这些情节和细节对于研究者理解与会人的真实想法有很大的帮助。

3. 区分事实与意见

“实际如此”“应该如此”和“希望如此”，这些表述存在事实和意见上的不同。在对事实和意见的表述上存在模糊和不够清晰时，主持人应该及时地追问或要求与会人澄清它们的区别。

第六节 FG座谈会的测探方法

一、测探方法及其价值

测探方法(Projective Method)是通过受测对象对测试物的反应，并基于测试物与目标事物之间的联系，来推断受测对象对于目标事物的经验、态度、需要及理解。测探方法的原理如图7－5所示。

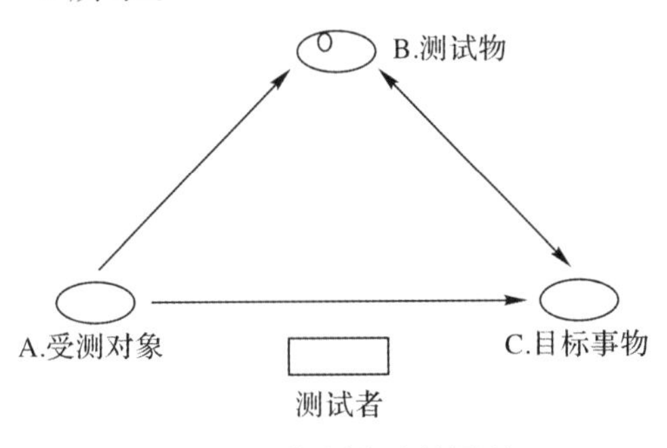

图7－5 探测方法的原理

研究者通过测探方法，即用间接的或非固定模式的方法来增加对研究对象的了解。通过使用测探方法，有助于揭示人们内心隐藏的动机、欲望或意图。这些内容可能较为敏感而不便于直截了当地说出来，或者是受访人的想法，如同茶壶里的饺子倒不出来，自己不知如何用语言表达。

在什么情境下需要使用测探方法呢？如果研究对象与目标事物之间的联系是不明显的、隐藏的、扭曲的、多重联系的，测探方法就是一个十分有意义的获取真实信息的途径[①]。当主持人直接询问与会人对于一些复杂或敏感问题的看法时，他们的回答很可能是受到社会规范的认同或约束而做出的回答，并不一定是其本人的真实想法。因此，在这种情况下，直接询问并不是最好的办法，而要考虑借助测探方法，包括使用非语言的方法，来了解与会人的深层想法。

在很多情形中，我们直接询问所得到的回答，其实和回答者所指的事实并不一致。这种不一致是由于会谈场景的敏感、认知偏差、无意识的习惯、伦理习俗等造成的。比如在大学毕业二十年的聚会上，大家谈到毕业后的工作生活是否如意。这时你问毕业后十多年未曾见面，也来参加聚会的同宿舍张平同学："你工作怎么样啊？"他回答："还行吧！"这个"还行吧"，就很可能存在非常模糊的含义。

在很多情况下，我们很多下意识层面的认识和想法，是无法用语言表达出来的。有研究发现，在人们所表述的意思中，大多数是无法或者没有通过语言来表达的，甚至有70%左右的意思是通过表情、手势等肢体语言表达出来的。即使是可以用语言表达的意思中，由于受教育水平、受信息干扰（商业广告、管制信息、群体压力等）程度的不同，因此其中也有很多的不实、不完整的信息。

二、测探方法的分类与使用情境

测探方法可以分为语言测探法和活动测探法两大类。语言测探法主要通过语言交流从研究对象那里获知信息。活动测探法则主要是通过游戏、绘画等活动方式来获知研究对象对某一问题的理解。

一般来说，如果我们所期待获得的研究结果是框架性的、整体性的、情感性的和潜意识的，那么活动测探法会更适合，并能取得更好的效果。如果我们所期待的研究结果是细节化的、描述性的和理性化的（逻辑化的），那么语言测探法就更为适用。在一些领域，尤其涉及敏感话题，这两种方法都是适用的。

在使用测探方法的时候，往往要求设置中立的应用环境，研究人员应努力建立对研究对象亲切自然的互动关系，而这正是FG座谈会始终非常强调的。以下介绍几种常用的测探方法。

1. 情境法

情境法的基本要领是针对一些抽象或敏感问题，通过设立具体的情境，方便受访人更准确地理解问题，或者是避免受访人受到伦理习俗、社会压力等外部因素的

---

① 袁岳，张军. 神奇会议：如何召开座谈会[M]. 北京：机械工业出版社，2006：154.

影响，从而获得受访人的真实准确的想法。比如在进行社会安全感的研究时，一般性的问题是："在您现在居住的地区，您感到安全吗？"这个问题当然方便了解公众对于安全的一般性感知。但是，如果将这个问题转化为一个情境化的问题，比如："晚上在离家500米外的地方独自走路，您会害怕吗？"这样询问受访人就会更容易得到回答，而且受访者有不会有太多的顾虑。而且在情境法的提问下，年龄、文化程度和生活差异很大的各个不同群体，对于同一个问题的回答偏差，就会比一般性提问得到的回答，更为准确和一致。

2. 联想法

联想法是利用关键词、图片、样品或场景作为标志物，激发与会者自由联想。联想法分为两种。一种是完全自由联想。它不设定任何条件，主持人可询问并追问与会人的相关反应。另一种是有限的自由联想。它可以限定表述方式，如联想到一句话、一个词、一段文字、一幅图片等，也可以限定数量或时间，比如首先想到的三个人是谁等。关键词联想适合于探究受访人对于复杂或有争议性问题的看法和理解。这种方法也可以避免与会人之间的相互干扰和影响。比如，在公众对于核电的认知和态度的FG座谈会上，我们曾经使用了关键词联想法，示例如下："现在我们来做一个小游戏。主持人请大家写出三个词，若提到核电，最先联想到的三个关键词是什么？有1分钟时间。然后，再请大家各自把自己所写的关键词讲出来，并解释为什么使用这三个关键词。"

3. 类比法

在类比法中，主持人要求与会人把目标事物想象成生活中自己熟悉的事物，然后请与会人解释为什么自己会做出这样的类比，并找出类比事物之间的异同点。需要特别注意的是，与目标事物类比的事物，应该是与会人非常熟悉的东西，比如日常生活中的用品、常见的动植物等。与此同时，还要特别注意请与会人解释做出这个类比的原因，对于原因的解释是探究与会人深层想法的路径。比如在一次FG座谈会中探究公众对于核电的风险与受益认知，使用了动物类比的小游戏，示例如下："如果把核电比喻成一种动物，可以比喻成什么？请分别写出其可爱之处，以及不可爱之处。"由于核电知识门槛高，大家对于核电带来的实际受益和风险未必能详尽地说出来，通过这种小游戏可以有助于揭示大家对这种技术损益的内心感知。

4. 拟人法

在使用拟人法的时候，主持人会询问与会人是否可以将目标事物（比如品牌、厂商等）想象成为一个人。如果可以，会是一个什么样的人，有什么特征、爱好、年龄、性别、脾气、职业、气质、社交圈等。拟人法为与会人提供了一种完全不同于寻常的思考方式，可以使某些隐藏而不可见的看法彰显出来。

第八章

深度访谈和扎根理论

定性研究和定量研究是非常不一样的，我们需要培养出一种学术感觉，即当要进行一个研究时，能想到哪种方法最适合。有一些研究问题天然适合用定性研究方法。例如，研究者关注的是被研究者对于发生的事件是如何认识的？这种认识如何影响他们的行为？可以说，定性研究强调的是深度，研究者不是只关心总体的平均值，而是更关注个人的状态，将个体放入到情景中。而定量研究则往往显得冷冰冰的，研究者和被研究者的关系是比较疏离的。然而，在定性研究中也存在一个"光谱"。有的定性研究会比较像定量研究，强调价值中立，有一套操作的原则。有的定性研究则离定量研究非常远，例如，一些人类学的研究具有很强烈的价值立场，强调在行动中去改变社会。简言之，定性研究这个"光谱"的宽度是非常大的。因此，即便都是定性研究，其论文的文风也可能产生很大的差异。其中，深度访谈和焦点小组是比较接近的，在"光谱"上较为靠近定量研究。而田野调查，也就是我们说的人类学研究方法，其写法有时像是在讲故事，因此代表了"光谱"的另一头。

第一节 深度访谈的形式和操作过程

本节主要介绍深度访谈这一方法。深度访谈在形式上和新闻采写很像，甚至在形式上是没有区别的，都是通过一对一的访谈来进行。对于深度访谈，有很多分类的方法，其中一个很重要的分类，就是根据有无问题提纲。我们把访谈分成结构化访谈、非结构化访谈和半结构化访谈。

在结构化的访谈中，我们会准备问题大纲，就像记者去做采访一样。如果采访对象比较忙，我们可能需要把采访大纲发给对方，让对方准备一下。而在访谈过程中基本就是按照大纲进行，逐一提出问题。这种方法是比较死板的，它的好处是能快速获得信息，因此多见于新闻采写的操作中。记者要面对截稿压力，第二天就要新闻见报，很可能采用这种方法。这种结构化访谈的方法在学术研究中较为少用。在定性研究中，研究者和被研究者或受访者的关系是平等的。我们不愿意见到这种情况，即研究者问一个问题，受访者就回答一个问题。这种方式非常官方，对受访者来说也存在权力的不平等。实际上，定性研究中，研究者们更希望和受访者成为朋友，获得一些真实的、有深度的东西，所以会期待受访者也可以反问研究者。

在非结构化访谈中，研究者没有一个事先设计好的问题大纲，甚至没有清晰的问题意识，直接就去与受访者聊。在做田野调查的起步阶段，这种访谈方法会比较常见。如果我们在田野要停留很久，比如半年到一年，我们就有充足的时间去做访谈。我们不希望谈话被自己的预设立场所束缚，没有访谈大纲反而可以无拘无束。随着对不同个案的访谈逐渐深入，问题才可能会越来越聚焦。不过，如果我们所进行的是一个短时间内就要完成的研究，完全没有访谈大纲也不好，这可能说明研究者没有清晰的问题意识。完全没有问题就进入这个聊天的场域，对话很容易失败。所以，非结构化访谈往往只是前期数据收集的一种方式，到了研究的后期，仍然采用非结构化访谈就不合适了。

第三种访谈叫作半结构化访谈。研究者会准备访谈大纲，但问题通常会比较宽泛，不会过于具体。比如说我们要进行一项对记者的访谈研究。提纲的第一类是请受访者回顾他的工作，第二类是询问他们对于新闻价值观的感知和判断。这种方法的好处是兼顾前两种访谈方法的优点。毕竟问题过于具体，就回到了结构化访谈。问题相对宽泛一点，能给受访者留下了比较大的能动空间。我们也不一定追求要在一次访问中把问题大纲中的所有问题都问完，而是根据受访者的回应去往下深挖。所以，半结构化访谈既体现了研究者的问题意识，也给了受访者平等的空间。一个好的访谈，可能只问了访谈大纲中的部分问题，但这些问题被聊得非常深入。

值得注意的是，定性研究的数据收集是一个长期工作，并不是一轮就结束了。比如说做身份认同研究，研究者在第一轮访问中和几个受访者谈了谈，可能一开始问的都是研究者最初感兴趣的问题。每次访问完了，研究者都要不断地回顾和反思刚刚的访谈过程。在这个过程中，研究者可能会发现一些新的有趣的议题，甚至研究者的研究问题也会出现调整。于是，研究者开始针对新问题进行第二轮的访谈。第二轮访谈也可能是不够的，随着案例的增加，研究者可能到研究后期还需要补充一些数据。比如，研究者需要核对一些访谈中还没有被清晰展开的议题，就会再和受访者通个电话。也就是说，对一个案例的深度访谈可能是长期的，需要做好几轮。

此外，我们还可以根据是否面谈来区分深度访谈的类型，比较推荐的是当面访问法。只有当面访问，才能确保访谈的质量比较高。这是因为在访谈过程中首先要获得的是受访者的信任。这个不容易做到，尤其是相对隐私的问题，所以通常第一轮的访谈都是当面访谈。我们要介绍自己，这些访谈对象可能是通过滚雪球的方式，由关键人帮忙推荐认识的，这样才能真正加强相互的了解。只有在补充数据的阶段，才会使用电话访谈等方法。例如，当我们在分析访谈文本的过程中，也就是根据访谈录音整理的文字稿，发现有一些议题在当时没有来得及去追问。如果时间隔得不是太久，和受访者保持着一种相对熟悉的关系，那我们可能就用电话做第二轮访谈。无论哪一种访谈，都不建议采用文字性的聊天工具，例如微信聊天。在教学过程中，经常发现有一些同学干过这样的事情。在课程论文的方法部分就写着进行过 20 个 QQ 和微信的访谈。这种研究基本上不可能成功。定性研究需要大量的细节，即所谓“深描”。研究者要通过细节，去理解人在某个特殊情境下行动的意义。那么，通过文字聊天，对方怎么能给到这些细节呢？效果肯定是苍白的。当然，文字聊天可能在记者的采访中会用到，以便能更加高效地获得信息。采访明星时，记者把文字发给明星的经纪人，对方直接给予文字回复，然后就可以在新闻稿上直接引用了。但这个在我们做科学研究时肯定是不适用的。

在访谈的过程中，还要注意访谈的场所。假设研究主题涉及了一些相对敏感的话题，比如说性别、政治等。只有在研究者和受访者实现了相互信任后，才能够搜集数据，受访者才可能给出一些比较真实的想法和回应。所以，在聊天过程中，我们对于访谈的场所是有一定的要求的。我们要找一个能让受访者感觉轻松的地方或相对安静的地方去录音或录像。要注意的是，通常研究者会建议对访谈进行录音或录像，这样能保证数据的完整性。一些信息可能并非通过对话，而是通过对话时的停顿、表情、手势等表达出来。这些非对话类的信息也可以为研究提供很大的帮助。因此，录音或录像是合理的。

但是，也有因为议题的特殊性而导致不适合录音的。例如，研究者要做边缘人群的研究。例如，美国社会学家威廉·富特·怀特的著作《街角社会：一个意大利人贫民区的社会结构》，它是针对意大利裔黑帮进行的研究，显然研究者在采访过程中是不可能录音的。这种时候就对研究者的速记能力有所要求。一个常做定性研究的人，可能会"发明"很多自己才能理解的符号或标记。在无法录音的情况下，我们要拿着本子，一边听，一边快速记录。在结束访谈的当天，我们就要迅速地整理这些资料，以免遗忘。不过，在不那么敏感或者受访者并不排斥的情况下，通常建议录音录像。虽然定性研究不那么强调数据的可复制性，但保存数据还是相当重要的。访谈的过程，通常是越到后面质量越高，对前一个样本的访谈构成了后续访谈的基础，因此会聊得越来越好。这就意味着我们要不断去温习前面的访谈内容，即受访者谈到了什么，当时有哪些还没有说透。所以，最好是要录音。

访谈录音最好是逐字逐句地转录成文字稿。第一，在正式的论文中，我们需要大量地引用受访者的话。第二，我们要去寻找受访者常常用的一些"本土概念"。比如，受访者提到很多次"好无聊"。如果他反复用这个词，就要注意了，这些概念可能就是我们称的"本土概念"。每个人都在使用概念来组织自己的话语，这个概念通常具有它的普遍意义。但是，人们也常常会给概念一些自己独特的理解和运用。所以，当我们发现一个受访者常常用到某个词，通常就要小心了，我们需要去深挖这个词。可能研究者就要去追问："总是提到'好无聊'，那么，您能给我具体解释一下什么是'无聊'吗？"第三，文字稿的阅读效率更高，如果停留在录音文件上，需要认真聆听，对于寻找有用信息来说效率是很低的。

在访谈的过程中要掌握一些技巧。其中，如何去追问是深度访谈中最重要的技巧之一。当然，追问不代表喧宾夺主，研究者肯定不希望最后录音稿中都是自己在说话，但是也不要出现全部都是受访者在说的情况。如果我们没有足够的回应和追问，谈话过程就会变得没有效率，谈话就会慢慢地变得干巴巴的，受访者也就不愿意提供更多细节了。所以，访谈过程最好是有问有答。这种追问的能力要求研究者有广博的知识，同时还要对于对象有相当深入的了解，比如，针对记者去做访谈，我们对记者这个职业就要有相当多的了解，要知道他们的日常工作流程、媒体集团对记者的考核项目、记者的工作压力等。只有在共情的基础上，或者在相关知识储备的基础上，才可以更好地追问。

当然，有时候研究者和受访者隔得很远，很难做到真正的相互理解，比如研究青年人亚文化、粉丝的应援行为、Cosplay 等时。研究者可以融入群体对象中，以更好地获取信息。如果一些研究者很难有足够多的知识储备，那么深度访谈就不是优选的研究方法了，因为无法去问出好的问题。不了解应援行为，怎么可能去提出好问题呢？甚至可能变成提问只是为了验证自己的想法。这样的聊天，受访者可能会感到很不舒服。总而言之，如果研究者和受访者的关系贴近，能够相互理解，用深度访谈是适合的，这意味着有追问的可能性。否则，就要考虑使用一些其他的方法，例如焦点小组等。

第二节　扎根理论的方法

扎根理论的英文是 Ground Theory，它虽然叫作理论，但实际上是一套定性研究的方法论，其主要宗旨是如何从经验资料的基础上建立理论。对于初学者来说，定量研究由于利用到统计知识，看上去有点难以入门。而定性研究重在阐释，没有统计的限制，因此看上去相对容易入门。然而，这实际上是一种误解。想做好定性研究也并不容易。在研究者所面临的众多困难中，定性研究中数据的处理就是一件让人头疼的事情。

为了深度地挖掘信息，定性研究要求在资料收集过程中占有尽可能丰富详细的资料，对观察到的任何细节都应予以关注，这既包括文字资料，也包括口头材料，可以是文献、研究者的田野手记、照片、影像、对研究对象的访谈、历史信息或个人经历等。那么，怎么去分析这种非标准化的定性数据呢？显然，需要通过一定的分析手段将资料打散、重组、浓缩，而不能只是把数据堆积起来。

对此，有学者在 20 世纪 60 年代提出了一套方法，他们进行了一项医学社会学的研究。这个研究是对医务人员面对即将去世的病人的一项实地观察。社会学家巴尼·格拉泽(Barney Glaser)和安塞姆·施特劳斯(Anselm Strauss)提出，要忠实于所研究的现象；在研究之初不应有理论假设，也就是不要有预设立场，而是强调从原始资料中寻找反映社会现象的核心概念，通过重复的资料对比和编码，通过概念之间的联系构建能够结合实践的理论框架。同时，建构理论的过程必须要一部分一部分地进行，这样理论才会是累积的。因此，扎根理论所说的“理论”并不是类似于哲学理论的宏大叙事，而是社会学家罗伯特·默顿所说的“中层理论”。而这种研究路径显然是一种“自下而上”的方法，所以也就叫作“扎根理论”。此后，这一方法不断被应用，并被公认为是定性研究中一种比较科学有效的方法。

在此简要介绍扎根理论的具体做法。在操作上，扎根理论一般包含三个步骤：从原始数据的描述中抽取概念，这被称为一级编码；继而对描述进行分类以获得归类范畴，即二级编码；最后建立分类之间的联系以获得概念网络，也就是三级编码。

先从一级编码开始介绍。这一步骤也被称为开放性编码。研究者在这一步需要对原始资料进行逐句的编码和统计。为了减少误差和人为的偏见，尽量使用受访者的原话和文本中的内容作为挖掘初始概念的母本。有的同学在做文字转录时嫌麻烦，只把自己觉得重要的内容转录为文字，其他的录音就弃之不理。这样是有问题的。一个好的研究者，在每次阅读录音文本时，可能都会有一些新的感悟。而且，阅读也需要一个语境。所以，建议在将录音转录为文字时，应把全部内容都转录出来。然后，开始对文本进行第一轮分析。在这一过程中，要求研究者以开放的心态，尽量“悬置”个人的“偏见”和“预设立场”，将所有的资料按其本身所呈现的状态进行编码。这是一个将所有收集到的资料打散、分解、赋予概念，并将新的概念以新的方式重新进行组合的过程。

以下示例数据来自白长虹、刘春华的论文《基于扎根理论的海尔、华为公司国际化战略案例相似性对比研究》。我们可以看到这样的访谈文字：“35 岁的张瑞敏从青岛家电公司到青岛电冰箱厂任职厂长”，这一句被标识为“近不惑创业”。研究者要做的就是给每一段话进行初步的命名，命名可以使用当事人的原话，也可以是研究者自己的概念。由于这只是第一步，不用担心命名是否合适。具体见图 8－1。

海尔国际战略洽谈整理及资料收集	开放性译码	
	贴标签(a)	初步概念化(aa)
…… 1984 年，35 岁的张瑞敏从青岛家电公司(a_4)到青岛电冰箱厂任职厂长。有人问张瑞敏，你带谁去新的公司。张瑞敏只带了 44 岁的女收发员杨绵绵(a_5)。有人问，为什么选择她？张瑞敏说：“她 44 岁了，还在学习，这种精神是创业的精神。”(a_6)张瑞敏到工厂后，看到的是衰草连天，厂内泥泞不堪。……张瑞敏没有怨员工的纪律涣散(a_{11})，而是召开员工代表大会(a_{12})，在会议上，张瑞敏作自我检讨：“你们随地大小便，甚至把窗户拆下来烤火，是管理者的问题，不是你们的问题(a_{13})……“破窗理论”告诉我们，窗破了不及时修复，其他的窗户也会被打破(a_{14})……海尔之前经历过两个战略发展阶段，分别为名牌战略(1984－1992)、多元化发展战略(1992－1998)(a_{80})……1990 年海尔首次出口德国 2 万台冰箱，开始进军欧洲家电市场(a_{111})，1999 年 4 月在美国南卡州建立海外第一个工业园(a_{112})，2001 年 6 月 19 日，海尔集团并购了意大利迈尼盖蒂冰箱厂(a_{113})，但使用海尔品牌销售(a_{114})…… (备注：资料为碎片信息参考，仅作为例证)	a_4：近不惑创业； a_5：用人独到的眼光； a_6：注重创业精神； …… a_{11}：反求诸己的观念； a_{12}：贴近员工； a_{13}：干部是问题的根源观念； a_{14}：善于学习的习惯； a_{80}：海尔清晰的发展战略； … a_{111}：出口海外；a_{112}：海外建厂；a_{113}：兼购海外工厂；a_{114}：使用海尔品牌…… (共计 282 个标签)	aa_3：独特的经营理念(a_5 a_6)； aa_4：现场解决问题(a_7 a_9)； aa_6：80/20 原则(a_{11} a_{12})； aa_7：干部问责(a_{13})； aa_8：学习团队(a_{14} a_{28} a_{36})； … aa_{36}：创建国际化战略(a_{78} a_{79} a_{80} a_{81} a_{82})； aa_{37}：走出去国际化战略(a_{111} a_{112} a_{113})； aa_{38}：创自主品牌战略(a_{114} a_{115} a_{119})； …… (共计 136 个初步概念)

图 8－1 扎根理论案例一

事实上，建议大家可以用 Excel 表格录入文字，在每一行输入访谈中的一句话。其好处是让我们得以用一种相对机械的方法把访谈文本切割开来。举一个例子，当受访者谈到工作很累，而后又谈到想跳槽，一般情况下，我们就会自然而然地将这两句联系在一起，因为工作累，所以想跳槽。但是，这种逻辑关系是不严谨的，它实际上带着我们自己的生活经验和预设立场。对于受访者来说，真的只是这样吗？所以，当我们把文本切分开来，这就是提醒自己，先一句一句地看，每一句在讲什么，在第一轮阅读时不要作太过仓促的决定。例如，受访者谈到工作累，我们就写个标签：工作压力。受访者提到想跳槽，我们就写另一个标签：未来工作意向。总而言之，开放性译码是通过仔细检验而为现象取名字或加以分类的分析工作，也就是贴标签。我们需要用开放性译码将收集来的资料拆解成一个个单位，仔细检验，比较其间异同。最后，用一个比喻来阐释，第一步的工作就在沙滩上找珍珠，试图发现圆的、扁的、黄色的、白色的……各种各样的珍珠，以作为下一步工作的基础。

主轴性编码是扎根理论研究中的二级编码，它通过对开放式编码的聚类分析，发现这些范畴之间的潜在逻辑关系。简单来说，这一步就是要求研究者再次阅读文本，并尝试发现和建立概念类属或范畴与范畴之间的逻辑关系，显示其内在相关性。在这些逻辑关系中，我们首先要注意的是各概念间的因果关系、时间先后关系、语义关系、情境关系、相似关系、差异关系、对等关系、类型关系、结构关系、功能关系、过程关系、策略关系等。以下示例数据来自姚曦、王佳的论文《国际品牌跨文化传播的影响因素模型与提升路径：一项基于扎根理论的探索性研究》。研究者试图以“故事线”的方式描述国际品牌跨文化传播的行为现象和脉络条件。结果发现，跨文化传播意识、文化冲突的强度、文化融合的主动性、消费者的认知、不可控因素、文化自觉的前瞻性等六个主范畴对国际品牌的跨文化传播过程存在显著影响。于是，研究者尝试将这些范畴都联系起来。然后，研究者只对一个关系进行深度分析，围绕这个关系进一步探索相关的概念和标签，因此这一步才被称为“轴心”或“主轴”。用比喻来形容，我们已经捡到了很多珍珠，现在开始尝试把这些珍珠穿在一起。由于珍珠的大小、颜色都不太相同，我们会把相似的珍珠穿在一起。所以，在第二轮的阅读过程中，我们会得到很多串不同的珍珠项链。具体见图 8－2。

选择性编码是扎根理论研究的三级编码，也是最后一级。具体做法是：通过在已发现的概念类属中找到统领其他类别的“核心类属”，构建出概念框架，并将大多数的研究结果概括在这一概念框架之内，再用收集来的资料验证这些关系。也就是说，现在要开始选择一个我们最关心的“核心故事线”了，分析集中到那些与核心故事线有关的内容上。核心故事线必须在与其他主轴的比较中被证明具有统领性，能够将最大多数的研究结果囊括在一个比较宽泛的理论范围之内，就像是一个拉线，

主范畴	对应范畴	概念
跨文化传播意识	文化环境认知	国际品牌对东道国文化与本国文化冲突的严重性及对其民俗、法律、民族情感、审美心理等文化环境的认知影响其跨文化传播的心理意识
	文化适应能力认知	国际品牌对自己市场经营能力以及文化适应能力的准确评价及认知影响其跨文化传播的投入力度和主动性
	企业责任认知	国际品牌对减少文化冲突或促进文化融合的敏感性和责任感会影响其跨文化传播的策略
	行为效果认知	国际品牌对跨文化传播活动正、负面效果的大小、强度等的认知会影响其跨文化传播的心理意识
文化冲突的强度	刻板印象	由民族敌意、消费者民族中心主义导致的偏见、不恰当的评价等影响品牌跨文化传播的过程
	身份抵抗	遭遇不公正待遇一方的自我维护与身份抵抗影响跨文化传播的过程
	空间贴近	国际品牌对东道国消费者宗教、政治等权威空间的过分接近影响跨文化传播的过程
	领地保护	东道国消费者对自我专属文化空间的保护力度影响文化冲突的强度

图 8－2　扎根理论案例二

可以把所有其他的主轴连成一个整体拎起来，起到“提纲挈领”的作用。这就比如我们有了很多串珍珠项链，但并不是所有的项链都是我们喜欢的。我们要依据自己的研究兴趣，研究本身的价值等，选择众多主轴中的一个，作为论文或报告的最终呈现。

理论饱和度检验是指在不获取额外数据的基础上，进一步发展某一个范畴特征，以作为停止采样的鉴定标准。具体来看，我们一般随机选择 2/3 的访谈记录进行扎根理论研究的编码分析，另外 1/3 的访谈记录进行理论饱和度检验。在对前 2/3的访谈记录的三轮分析后，建立了某种理论，例如，品牌的国际化程度会受到一些因素的影响，这里面包含了一些范畴和关系。但这些范畴和关系是足够和充分的吗？还有没有一些现实中很重要，然而我们遗漏的内容呢？因此，我们用已建立的模型去看剩下的访谈记录，如果结果显示，模型中的范畴已发展得足够丰富，在新的访谈资料中并没有发现新的范畴和关系，主范畴内部也没有形成新的构成因子，于是，就可以认为所构建的理论模型达到了饱和。

以上就是扎根理论的具体操作过程。定性研究最忌讳过度阐释，也就是解释过于随意和主观。因此，扎根理论才特别强调从资料中提升理论，只有通过对资料的深入分析，才能逐步形成理论框架。这是一个归纳的过程，从下往上将资料不断地进行浓缩。在这个过程中，我们要保持开放的心态，不断回到研究的起点，询问自己到底发生了什么？同时，在资料和资料之间、案例与案例之间、样本与样本之间、理论和理论之间不断进行对比。通过寻找共性，来帮助我们减少阐释的主观性。

最后，简单介绍一下目前流行的用于定性研究的分析软件。大多数用于定性研究的分析软件的方法论框架都是扎根理论。据不完全统计，目前已经有 20 多种用于定性研究的分析软件。这些定性分析的辅助系统，不仅使得研究者从处理大量文字材料的繁复劳动中解放出来，而且能够让研究者共享他们各自分析的细节，从而改变了定性研究的流程和研究者之间的合作方式。同时，由于采用数据库结构，定性研究资料的管理也更加方便，这就为组织大型定性研究项目提供了可能。其中，NVivo 这款软件较为流行，它是一种较为强大的定性分析工具。当然，限于篇幅，我们无法在这里对它进行详细介绍。不过，需要注意的是，对于定性研究过程的计算机化，也有很多不同意见。一种观点认为，计算机辅助的定性研究分析软件通过使用实证主义的修辞，从而使定性研究过程显得更严格、更客观，然而，这可能把定性研究变成了一种定量研究，研究者就像被捆住了手脚，无法自由地在数据中去“遨游”。但也有观点认为，对于初学者来说，过分自由地“遨游”，其最有可能的结果就是淹没在海量数据中。因此，这些软件对于初学者来说，还是有其用武之地的。

第九章

案例研究法

“前车之覆，后车之鉴”，相信大家都很熟悉。或者简单地说，它的意思是，在驾车的路上，看见前面有车翻了，驾车在后的人，要引以为戒，避免犯同样的错误。这大概是中国古人最早的案例研究思维之一。它所暗含的决策模式，是一种典型的基于案例研究的决策。具体而言，就是将对案例研究的发现应用于新的案例场景中，以增强解决新问题的能力。基于案例的决策，有一个重要的思维，是既往案例情境中的决策及其得失，往往有助于预示未来在不同但相似情境中该如何高效且有效决策。根据基于案例决策(Case-based Decision)的理论[①]，当一个新的场景出现时，我们通常会回溯过往同类案例的经验，并尽可能模仿过往的决策。

接下来我们将会详细地了解一下案例研究法。我们将先对案例研究法做出界定，然后回应对案例研究法的一些常见误解。最后，我们将更为聚焦地给大家介绍案例研究中的两种具体方法，即三角互证的方法和比较分析的方法。

第一节　对案例研究的界定

案例(Case)是在时间和空间上具有特定边界的单元或社会现象。案例研究(Case Study)是对单个研究对象或者少量研究对象的深度分析，强调该研究对象与其所处环境之间关系的发展和交互关系[②]。

单案例或多案例研究中的“案例”可以是国家或区域(如国家、地区、城市)、组织(如企业、医院、学校)、社会群体(如少数民族、中等收入群体、老年人、儿童、妇女)、事件(如危机事件、群体事件、重大决策)，或个体(如重要人物的传记、生命史)等社会单元。

界定案例研究法，有以下几个关键要点。

1. 案例研究是一种研究策略和路径

案例研究在性质上不是对研究方法的选择，而是对研究对象的选择。因此，案例研究被认为是一种研究的策略(Strategy)和一种研究的路径(Approach)。案例研究要求对所研究对象做聚焦、深度和透彻的分析，研究者主要的时间和精力是用在单个或少量案例上。如果在一项研究中蜻蜓点水式地提及某一个案例或多个案例，这样的研究不是案例研究。

---

① RICHTER M M, WEBER R O. *Case-Based Reasoning*[M]. New York: Springer, 2013: 26.

② YIN R K. Case Study Research and Applications: Design and Methods[M]. 6th Edition. SAGE, 2018: 45; GEOFF P, JUDY D. Key Concepts in Social Research[M]. Sage, 2004: 31; GERRING J. Case Study Research: Principles and Practices[M]. Cambridge University Press, 2017: 27.

2. 研究方法及研究对象的边界

针对单一研究单位,可以使用各种不同的研究方法,如质化的或量化的,分析性的或阐释性的,或者是混合研究的方法。一项研究是不是案例研究,选择什么样的具体研究方法并不是最重要的判断标准,而设定单一研究单位的边界,才是决定该项研究是否是案例研究的最重要标准。界定案例研究的一个关键性要素是对单一研究单位的选择以及对该单一研究单位的边界设定。

3. 时间的演化

案例研究强调发展因素(Developmental Factors),指的是案例通常是在时间维度上的演化,是一连串具体且相关事件在此时此地发生,并被视为构成一个总体。在问卷法等大样本量的调研中,一个案例往往意味着一次观测。而在案例研究中,一个案例则意味着多次观测,尤其是在不同时点和不同观测角度下的历时性观测,侧重在单个或少量案例内的变化,而不是大量案例之间的变化。

第二节 对案例研究的常见误解

对于案例研究不够了解的人,可能会有一些误解或者偏见。这类误解或偏见常常是源自没有区分案例研究与非研究案例、案例研究与教学案例等的不同。

首先,教学案例与案例研究不同。好案例有两个特点:好的故事和好的概念。教学案例侧重于好的故事,而案例研究则侧重于好的概念。各有侧重,是因为各自的使命本来就不同。案例研究的使命是生产原创知识,通常是从个别到一般、从微观到宏观的抽象过程。教学案例需要呈现完整事实、事件过程和丰富细节,尤其是需要有具体的任务情境,才能有效地服务于课堂教学。

其次,案例研究与宣传案例、案例档案等非研究案例不同。目前市场上不少自称是"案例教材"的案例集,实际上是各类评奖案例的集册出版。这类案例集的出版初衷往往是宣传和商业推广,而非人才培养。这类案例集常常缺乏完整事实、事件过程和丰富细节,很多是缺乏背景铺垫的成就宣传,不但缺乏问题意识,而且缺乏严肃的学理分析。

案例研究领域的重要理论家,比如英国牛津大学傅以斌(Bent Flyvbjerg)教授曾经总结过关于案例研究的五种常见误解。畅销世界的教材《案例研究:设计与方法》的作者,美国学者罗伯特·殷(Robert Yin)也曾经梳理过人们对于案例研究的各种误解。这里汇总一下,我们整理出如下一些对案例研究的常见误解。

1. 问题 1：能不能基于单一案例的研究来做概括推论？

很多人提出，你怎么能从单一案例研究来做推论呢？认为案例研究无助于发展理论。对于这个问题，没有简单答案。一个简短的答案，如同实验研究一样，案例研究可以在理论命题的意义上概化理论，但不可以在总样本或总范畴的意义上概化推论。在案例研究中，研究者的目标是去扩展和概化理论，从而有助于对复杂现象或问题做出描述、分类、归纳和解释。但案例研究无法去推论概率，即统计意义上的概化推论，也就是通常不会用案例研究的结论，去推论在案例研究对象之外的其他案例。

简而言之，只有当一项针对单个研究对象的研究命题，可以概化理论，且具有分析性特征时，该项研究才能被称作是案例研究。如果针对单个研究对象的研究是包容万象的综合性研究，则不能称之为案例研究。

2. 问题 2：案例研究有代表性吗？

这实际上是一个语义模糊的问题。

如果问的是案例样本的代表性，那么这个问题就问错了对象。案例研究更侧重案例的典型性，而不是案例本身的代表性。因为如我们刚才谈到的，案例研究的目标是去扩展和概化理论（具有分析性特征的概化理论），而不是去概化推论（统计意义学上的概化推论）。

如果问的是案例研究的外部效度（External Validity），就是说一项案例研究在多大程度上能够延伸推论以理解和解释其他情境里的同类案例，那么这个提问非常具有水准。因为提出这一问题所暗含的意思，是认为在具体案例研究的基础上，常常很难总结和发展出具有普遍性的假设、理论和理解。

案例研究在多大程度上能代表总体的状况，这存在很大的不确定性。案例研究的对象是单个或多个，而总体样本研究则往往涉及大量案例，而且不同案例之间往往是高度异质性的。在社会科学研究中，我们往往很难获得类似在自然科学研究中所发现的那样，可以获得跨越不同案例的连贯、一致和确定性。

第三节　案例研究的分析方法：三角互证法

使研究结论具备更好的效度（Validity）和信度（Reliability），并避免研究结论的不确定性和产生错误推论，这是案例研究，尤其是单案例研究往往会面临的挑战。当然，案例研究的长处恰恰也在于寻求对复杂因果关系解释的丰富性，而这不同于量化统计研究具有理论简洁、因果关系直接且确定的特点。

在案例研究等质化研究中使用三角互证法，最主要的目的是提高研究的信度和效度。对于三角互证，有很多研究者曾经提出过自己的界定。比如科恩(Cohen)等人曾经提出，三角互证“是通过不止一种观察角度来研究人的行为，从而图绘或更为充分地解释人类行为之丰富性和复杂性的研究尝试”[①]。而奥唐纳修(O'Donoghue)等人认为，三角互证是一种“从多种信源对数据做出交叉检核的方法，旨在确保研究数据的规范、完整和准确”[②]。

一、三角互证法的界定

综合起来，我们提出，三角互证法是在研究一个问题时，使用两种或两种以上的理论、方法、数据来源或数据类型来做分析，以核实研究发现是否可以相互证实和补充，从而提高研究结论信度和效度的方法。

三角互证(Triangulation)最初是源自地理测量和军事领域里的概念，指的是通过使用多个参考点所获得的数据，精确定位一个物体的地理或空间方位。比如中山大学发起的天琴计划，就通过向地球的外太空发射三颗卫星，三颗卫星构成一个等边三角形，三颗卫星的数据互补，就可以对地球重力场等开展非常精准的测量。后来三角互证的概念延伸到社会科学研究中，用来指对一个研究话题从至少两个不同角度展开观察的社会科学研究方法[③]。这一术语不仅在质化研究方法中使用，而且也在量化研究和混合研究中广为使用。

三角互证法作为一种社会科学研究方法，意味着我们比照从不同观测点或角度所获取的数据或事实，或者比照使用不同研究方法所获取的研究发现，或者比照使用不同理论框架所获取的研究结果，如果这样的比照让我们发现结果是一致的或趋同的，那么我们就可以更为确信最终的结果是稳妥可靠的，是可以采信的。

二、三角互证法的演进

在三角互证法发展成为一种社会科学研究方法的过程中，也经历了不断的迭代更新。在对于三角互证法的早期界定中，主要是把三角互证法用作简单验证，或者是忽略了不同理论背景的差异，与其他方法结合使用。对于三角互证法的这两种使用方式，均受到了学术界的存疑和批评。但是学术质疑和批评也促进了三角互证法

---

① COHEN L，MANION L. Research in education[M]. 8th Edition. New York：Routledge，2018：265.

② O'DONOGHEUE T，PUNCH K. Qualitative Educational Research in Action：Doing and Reflecting [M]. New York：Routledge，2003：78.

③ FLICK U. Triangulation revisited：Strategy of validation or alternative? [J]. Journal for the Theory of Social Behavior，1992，22(2)：175－197.

作为一种研究策略的丰富和发展,并成为一种更为精细的研究方法。

根据伍威·弗里克(Uwe Flick)的区分,三角互证法作为一种研究方法大致经历了三个阶段,由此也形成了三角互证的三种使用方法①。在第一个阶段,即三角互证法 1.0 阶段(Triangulation 1.0),三角互证法主要作为不同信息来源的交互和互补,是一种审核和验证事实及数据的方法。在第二个阶段,即三角互证法 2.0 阶段(Triangulation 2.0),三角互证法结合了质化和量化研究的混合研究,是一种侧重强化研究发现的延伸推论能力的方法。在第三个阶段,即三角互证法 3.0 阶段(Triangulation 3.0),三角互证法在不同理论视野里,不同研究发现之间形成趋同、相异和差异的交互和互补,是一种增加知识、深化理解的方法。

三、三角互证法的类型及其应用

丹金(Denzin)在 1978 年提出了三角互证法的四种应用类型②。

1. 数据互证

这是指不同来源的事实之间的数据互证。在案例研究中采用三角互证法,资料和数据可以用观察、问卷、访谈等多种手段去收集,有助于甄别、区分和补全不同信源在同一个事实上的趋同、相异、不同面向或层次上的差异。通过比较不同来源的事实和数据,有助于提高一项研究实证材料的质量和客观性,并进而提高研究发现的效度和信度。

2. 研究者互证

研究者互证在研究不同主体的不同叙述和多元视野时,有助于再现案例事实的丰富多样、鲜活细腻的细节。不同研究者交叉核验,也有助于纠正源自个人的主观偏见,从而实现在研究者层面的互证。

3. 方法互证

问题与不同研究方法之间的契合互补、不同研究方法与理论之间的契合互补,以及多种研究方法之间的长短互补,属于方法互证。

罗伯特·殷认为,相比于其他研究方法,案例研究的一个优势就是往往使用许多不同来源的实证资料或数据。罗伯特·殷认为三角互证既提供了研究方法之间的验证,这增加了研究的内部效度,因为基于不同方法的观测或测量都是独立的;此

---

① FLICK U. Triangulation: The SAGE Handbook of Qualitative Research[M]. 5th Edition. SAGE, 2018:777－804.

② YIN R. Case Study Research: Design and Methods[M]. SAGE, 2009:191.

外，也提供了研究方法内部的验证，此举通过提供一致性的确证而增加了研究的信度[①]。通过不同方法来搜集资料和数据，有助于克服研究者的偏见和盲区，并防范出现没有经过扎实验证的研究推论。

4. 理论互证

理论互证是指使用多种理论路径和预设，来研究同一数据集（Data Set），这主要体现在不同理论视野上的差异。比如，在一篇论文中，一个作者的研究视野与合作者的理论视野之间就是一种理论互证。一个作者侧重于对协商民主和治理的理论关切，而另一个作者侧重从公众参与的角度来观察国内关于核电建设的异议的案例。这两种不同理论视野的互动及其结果，也造就了这篇论文的研究主题，即探讨民众态度作为一种宏观协商在风险治理中的贡献与局限。

第四节　案例研究的分析方法：比较分析法

一、比较分析法（Comparative Method）的界定

案例分析停留在经验和表象层面而难以深入，这是案例研究中常见的现象。案例分析难以深入的症结，在于研究者往往难以超越特定案例的具体情境，从而缺乏关联更大的社会与政治问题的联想和反思能力。对案例的比较分析正是要让研究者获得这样一种从微观到宏观、从特殊到一般的抽象和凝练能力。

“分析”一词有两个相关联的含义。一个是分，即将一个事物分解成各个组成部分；另一个是析，也就是研究各个组成部分之于整体的关系。分析一个案例，意味着我们需要识别和理解某一个特定情境的重要面向，以及其与总体情境的关联和互动关系。不同的学科都有其自身的理论、框架、过程、实践和研究工具。案例分析的任务，是要以特定的理论概念和分析框架为出发点，围绕一个特定的问题，借助量化或质化的研究方法，从一个案例所呈现的经验材料和数据中做出合乎理性的推理，并得出结论或者提出观点和判断。正如同本迪克斯（Bendix）所说，比较研究有助于我们避免将特殊误作普遍的概化推论，同样也可能会激励我们将过于特殊的解释延伸为普遍且合理的解释[②]。

比较（Compare）是两个或两个以上的对象、个案或观察单位的属性及其取值

---

① YIN R. Case Study Research: Design and Methods[M]. SAGE, 2009: 189.

② BENDIX R. Concepts and Generalizations in Comparative Sociological Studies[J]. American Sociological Review, 1963, 28(4): 532-539.

的并置。案例研究中的比较侧重于变异或变化，也就是一个变量在不同个案之间取值的差异。因此，案例研究中的比较分析法，并不是以案例为比较的对象，而是在对研究案例做出分类之后，在一个或多个案例的自变量和因变量的取值之间，开展历时性的比较。

所有社会科学研究方法都涉及比较分析，因为凡是科学研究必定会涉及新旧数据、事实或研究发现的比对，从而识别和确立新的研究成果。而"比较"作为一种特指的社会科学研究方法，通常指的是窄义上的比较，即两个或两个以上宏观社会单位之间的比较。

比较传播研究是在不少于两个宏观层级单位里，比如系统、文化、市场或其他宏观单位，开展涉及至少一个和传播活动相关的调研对象的比较研究。比较分析法是将处于不同时间或空间中的多个研究对象置放在相对的关系中来考察研究的方法。开展比较分析法时所用的数据搜集方法可以是量化的或质化的。不过，在选择数据搜集方法时需要把握一种平衡，即若比较的个案越多，则可比较的变量就越少，反之亦然。

总体而言，比较分析法是一种用以揭示不同变量之间可证实关系的方法，而不是一种测量方法。在荷兰比较政治学家阿伦・利普哈特(Arend Lijphart)看来，我们需要区分揭示变量之间关系的比较分析法和给变量赋值的测量法。依照研究的逻辑，在研究的程序上对变量进行测量是第一步，而揭示变量之间的关系，则是第二步。比较分析法是研究的第二步，也就是揭示变量之间的关系[①]。

相比于实验的(Experimental)和观察的/统计的(Observational/Statistical)等方法，比较分析法是在案例分析中较为常用的方法[②]。当我们无法对干预做出控制，因而无法使用实验研究时，以及当我们无法获取足够样本量，因而无法使用统计推论时，比较分析法就是我们可以使用的最好方法之一[③]。比较分析法是社会科学研究中的一种基本方法，有人甚至认为社会科学研究方法就等同于比较分析法，因为进行社会科学研究必定会涉及比较。比较分析法的主要功能在于发展、测量和完善对于因果关系的研究推论，以及所有与因果关系推论相关的研究。比较分析法也被认为是建立社会科学推论的主要方法之一[④]。

---

① LIJPHART A. Comparative Politics and the Comparative Method[J]. The American Political Science Review, 1971, 65(3): 682-693.

② LIJPHART A. Comparative Politics and the Comparative Method[J]. The American Political Science Review, 1971, 65(3): 682-693.

③ RYNN M. The Comparative Method[M]//LOWNDES V, MARSH D. Theory and Methods in Political Science. Palgrave Macmillan, 2010: 274.

④ RAGIN C C. The Comparative Method: Moving beyond Qualitative and Quantitative Strategies[M]. University of California Press, 1989: 10.

二、比较分析法的案例选择与可比性

生活经验可以告诉我们，生活中就有太多事情是无法两两比较的。在复杂的现代社会中若要对社会的各个方面展开比较，其难度颇大，甚至可行性都会是一个疑问。因此，比较分析法通常只能在具有一定相似程度的研究对象中展开，比如我们可以比较中国和欧美国家的电影市场，但是在一个国家的电影市场和另一个国家的蔬菜市场之间就难以开展有实质意义的比较研究，这就涉及比较方法中如何选择比较单位以及比较单位之间的可比性问题。

1. 案例的选择

使用比较分析法时选择何种案例作为研究对象，其性质是确定和选择何种比较单位。以传媒体制的比较研究为例，如果从英国选择了一个传媒样本——英国广播公司(British Broadcasting Corporation，BBC)，那么在其他国家如德国、法国和美国，各自对等样本会是什么？这就涉及研究对象的功能等同(Functional Equivalents)问题，只有所选择的研究样本能够具备相同或相似的功能(或角色)，比较研究才有可能实质性地展开①。

比较分析法可以适用于不同的分析单位，因而其案例的选择可以有不同的类型。如果略微追溯一下比较分析法作为一种研究方法的演进历史，我们可以发现研究者所关注的宏观社会单位的具体类型是非常多样的，最为典型和常见的比较对象是国家。很多跨国比较都将国家视为当然的比较分析主体。不过，国家作为一种类别，其理论精细程度不够，加上全球化的影响，近年来以国家为分析单位的比较研究也受到了很多的质疑和挑战。正是在这样的背景里，有研究者提出比较分析单位的三种类型，即体制、文化和市场②。

除此之外，卡拉曼尼在其教材《基于布尔代数的比较法导论》一书中提出了比较分析法的研究对象有四种类型③。

第一，个体单位。如前所述，在比较分析法的研究中，关注的宏观层级的社会单位居多。因而以个体为分析单位，在应用比较分析法的研究中并不常见。不过，仍旧可以看到一些运用比较分析法于个体层次的研究。若更为仔细地审视以个体为分析单位的研究，比如，针对组织领袖的研究、针对杰出企业家的公共传播思想的研究等，我们

---

① ESSER F，HANITZSCH T. The Handbook of Comparative Communication Research[M]. New York and London：Routledge，2012：15.

② ESSER F，HANITZSCH T. The Handbook of Comparative Communication Research[M]. New York and London：Routledge，2012：15.

③ 丹尼尔·卡拉曼尼. 基于布尔代数的比较法导论[M]. 蒋勤，译. 上海：格致出版社，2012：30.

可以发现这类研究关注的并不是普通个体，而往往是有独特经历的个体。根据“组织人”的理论，个体往往是无形组织的具身体现[①]。从这一点来说，有一些情境里以个体为分析单位的研究，其实其分析单位不纯粹是个体层级的单位，仍旧还是中观和宏观层级的单位。

第二，地域单位。这是应用比较分析法时常见的“典型单位”。涉及地域单位的常见研究对象是各级各类政府，比如地方政府以及中央政府。地域单位通常是，但也不一定是按照客观边界或数据来划定，亦可以由非客观属性来划定。这在传播学研究中尤其常见。因为传播学研究常涉及公共空间(Public Space)的概念，包括物理和物质空间，但主要还是关注媒体和互联网等虚拟空间。此外，马克斯·韦伯(Max Weber)在其经典著作《新教伦理与资本主义精神》一书中阐述为何资本主义在西方兴起，而不是在东方兴起时，就分析了一国内部天主教和新教地区的差异。韦伯所使用的地域单位，就不是常规意义上以物理空间边界来划定的地域单位，而是以文化边界来划定的地域单位。

第三，功能单位。在群体、团体和组织之间进行比较分析时常涉及功能单位。涉及功能单位的比较分析关注非建制化的社会群体或建制化的利益集团或其他群团组织。这种类型的代表性作品是由美国社会学家威廉·托马斯(William Thomas)和弗洛里安·兹纳涅茨基(Florian Znaniecki)所完成的，受象征互动理论影响的移民研究著作《身处欧美的波兰农民》。此书作者发现，当波兰农民移民迁徙时，是以群体而不是以个人为单位，因而迁徙出去的移民始终保持着同故乡的联系。他们这种把群体组织和群体认同的文化带入美国后，被认为是对过于强调个人化的美国文化的重要贡献。

第四，时间单位。由于案例都有较为清晰的时间边界，而且在研究中案例演变的历史始终是每一个案例作为研究对象至关重要的特征。正是从这个意义上说，选择以时间单位来考察变异是什么以及为何发生，在比较研究中非常常见。目前对时间单位而言，我们首先需要区分时点和时期。以经济学为例，比较确切时间 t 和 $t+1$ 时的通货膨胀就是时点间的比较；比较欧盟共同货币欧元引入之前和之后的通货膨胀就是时期间的比较。其次，要区分现况研究(Cross-sectional Study)中的时间究竟是客观的时间单位，还是非客观的时间单位。客观的时间单位意味着时期是由数据本身决定的，比如两次人大会议之间的时间、两次人口普查之间的时间等。在一些情况下，数据本身并没有提供时间的客观标准，那就需要根据它们在每一时期内具有的同质属性或取值进行分类。

---

① WHYTE W H. The Organization Man[M]. Philadelphia: University of Pennsylvania Press, 1956: 9.

2. 可比性的问题

研究者经常遇到的问题是:什么是可以比较的?什么是不能比较的?比如常见的质疑是:苹果与梨,怎么具有可比性呢?与此相关的是,比较的界限以及如何使得案例之间具有可比性。

比较分析的一个根本问题是两个及两个以上研究对象之间的可比性(Comparability)问题。可比性并不是一种事物内在具有的属性,而是研究者从自己的研究视角出发赋予研究对象的一种属性①。

为了测量和确保可比性,功能等同的方法在心理学和社会科学中被广为使用。功能等同主要涉及三个方面,即在比较分析中确保研究在理论概念及其含义和测量上都具有对等性,这在很大程度上和比较分析所采用的客位(Etic)立场有着紧密关联。研究的客位立场主张,每一个概念及其测量在不同国家都是有普遍性的特征。相较而言,研究中的主位(Emic)立场则主张,研究并不旨在达到完整的对等,因为主位立场研究的焦点在于揭示各种文化的独特性和多样性,而不是客位立场所追求的普遍性和规律性。当然,在很多研究中,研究者糅合了主位立场和客位立场的方法。研究者可能会寻求理论概念的功能等同(客位立场),但同时在概念测量上寻求概念的独特性和多样性②。

使用比较分析法的时候,我们并不直接比较两个及两个以上的案例。我们比较的是从每个案例中抽取的共同属性的取值。以丹尼尔·哈林(Daniel Hallin)和保罗·曼奇尼(Paolo Mancini)在《比较媒介体制:媒介与政治的三种模式》一书为例,此书作者将研究的对象限制在北美和西欧,因为这些区域具有相对可比较的经济发展水平,以及存在诸多共同的文化和政治传统③。

鉴于此,可比性问题是所研究案例之间的共享属性问题。我们比较的其实是不同案例在一些共享属性上的取值。从方法论的角度来讲,比较并没有界限的限制④。我们完全可以比较总部在美国的跨国企业和总部在中国的跨国企业在承担社会责任时存在的异同。当比较共同属性的取值时,测量层级可以是名义的、定序的,或者是定量的。比如,比较企业在赈灾捐款的时候,取值就是定量的变量;而在比较企业

---

① LIJPHART A. Comparative Politics and the Comparative Method[J]. American Political Science Review, 1971, 65(3): 682-693.

② ESSER F, HANITZSCH T. The Handbook of Comparative Communication Research[M]. New York and London: Routledge, 2012: 469.

③ HALLIN D C, MANCINI P. Comparing Media Systems: Three Models of Media and Politics[M]. Cambridge University Press, 2012: 6.

④ 丹尼尔·卡拉曼尼. 基于布尔代数的比较法导论[M]. 蒋勤, 译. 上海: 格致出版社, 2012: 48.

所承担社会责任的类别时，取值就是名义的变量。

三、比较分析法的变量与变量赋值

比较分析法关注宏观社会单位的变异，但有一个常见的误区是研究者重在比较，却疏于对宏观社会单位的测量。因此我们提出在比较分析中，必须对所比较的对象做出可操作化的界定和观测。

比较分析法关注的是变异(Variation)，也就是一个变量在不同个案之间取值的差异。案例研究中的比较分析，是对两个及两个以上案例的对象或个案(观察单位)的属性/特性之取值的并置。鉴于此，我们需要重点关注比较过程中的变量和变量赋值的问题。

1. 变量或变异

从这个界定我们可以看到，应用比较分析法时，比较的不是案例总体，而是案例的属性或特性的取值及其差异。案例研究中应用比较分析法所进行的比较，并不只是描述变异，而且要对变异进行解释。因此，必须要识别案例属性的取值及其差异。没有案例属性取值的差异，就不可能进行解释。这一点适用于所有类型的比较，无论是基于大样本、通过统计(定量的)技术进行的大规模比较研究，还是基于少数个案、通过逻辑与布尔代数进行的小规模比较研究，都是如此。

2. 属性的取值

在社会科学研究中，变量的类型通常有三种类型：①定类变量(也称为名义变量、二分变量)，比如不同类型的家庭结构，就有核心家庭、无子女家庭、单亲家庭、扩大家庭等；②定序变量，比如国家在国际社会中的角色，有强、弱、有影响、影响不显著等；③定距(比)变量，比如国民生产总值、年龄、工资等。

定类变量和定序变量通常都被称为定性变量或离散变量(Discrete Variable)、类别变量(Categorical Variable)。定性变量往往是分散的、不连续的、独立的、不能分割的变量。比如教室里学生的数量，就只能是整数个，而不可能是有小数点的，如不能出现1.5个学生，因为没有人是半个的。我们在研究中，通常是用定性变量来描述、归纳和分类，而用定量变量获得结论，或者是从样本来推论总体，即基于样本数据来延伸推论样本之外总体的情况。定距变量则通常被称为定量变量。根据定量变量，我们不仅可以判别不同个案之间的多或少，而且还允许比较它们之间的“多多少”等多与少的程度关系。

案例研究中比较分析法的属性取值，主要涉及定性变量的取值。这类变量取值的方法通常选择二分法，即出现就取值为1，不出现就取值为0；或者是按照分类的多分法，比如取值为 0，1，2，3……n，以此类推。

正是因为这个特点，案例研究中的比较分析法，也被称为是案例导向的方法(Case-oriented Approach)。这种研究路径是相对于变量导向的方法(Variable-oriented Approach)而言的。变量导向的方法多用于检测源自一般理论的研究假设，这在定量研究中较为常见，它是一种演绎推理的方法。案例导向的方法则多用于揭示导致不同结果的历史条件，它运用理论来对现象做出阐释，并指导识别重要的因果要素。案例导向的方法被认为是一种归纳推理的方法，不同于变量导向的方法是一种演绎推理的方法。

四、比较分析法的因果探究

公共传播案例往往是对宏观社会事件及其过程的分析性和解释性的叙述，而不是追寻和发掘案例故事中具体角色的个体心理、情感等微观变量之间的因果关系。因此，在进行公共传播案例研究时非常适合使用比较分析法来呈现事件过程及其演进逻辑，尤其是事件发展过程中复杂和互动的因果关系(包含各种条件、自变量或原因链的融合，原因变量之间的交互作用，以及不同但相关的事件之间前行后续的路径依赖关系)。这并不一定是线性和直接的因果关系，而可能是具有多种条件与变量彼此融合、互动和路径依赖等特征的复杂因果关系。此外，在事件发展过程中，还可能存在超越因果机制的随机关系①。

比较分析研究侧重于社会情境因素对传播结果所具有解释的关联性，旨在理解宏观层次的情境如何差异化地塑造传播现象。从比较的角度来说，认识到大众传播过程会受到多层次的系统性情境因素的影响是非常重要的。除了人员、实践和传播产品等微观层次的因素，源自媒体系统的因素和宏观层次的其他制度因素，都需要加以考虑进去。因此，信息产制中的差异及其如何在不同国家产生差异化的成效，都可以通过结构的和文化的环境因素得到解释②。正如哈林和曼奇尼所说，将情境因素理论化正是比较分析研究的使命所在。

比较分析法通常用于揭示不同研究对象之间存在的相似性模式或差异性模式，以解释跨越时空的沿袭与变革等。在开展比较分析研究时，第一步需要确定该项研究的因变量或结果变量，以及相应可能的原因变量或解释变量，对变量及其潜在关

---

① 根据孙立平老师的阐述，“过程-事件分析”在一定程度上表现出对因果分析的超越。“过程-事件分析”强调事件之间那种复杂有时纯粹是偶然或随机的联系。这样的联系并不完全对应一种严格的因果关系。

② ESSER F，HANITZSC T. The Handbook of Comparative Communication Research[M]. New York and London：Routledge，2012：6.

系的确定往往是在阅读大量相关前期研究的基础上完成的；第二步是选择适合开展研究的具有可比性的案例。选择具有可比性的案例，对于比较分析研究而言至关重要。

这里介绍比较分析法中最为经典的两种方法①。这也就是密尔的求同法（Method of Agreement）和求异法（Method of Difference）。约翰·斯图亚特·密尔（John Stuart Mill）是19世纪古典自由主义思想家。密尔的哲学著作《论自由》脍炙人口，而他探讨因果关系的著作《逻辑体系》也被认为是提出了著名的建立因果关系的“准则”。

1. 求同法

求同法的简单界定，是指当某个现象发生时，其他条件都可能成立，也可能不成立（不同个案的情况不同），而只有一个条件总是出现（也就是在所有个案中的情况都相同），那就可以推断这个（总会出现的）条件就是现象发生的原因。密尔对于求同法的界定是：如果两个以上的事件只有一个条件相同，那么这一所有事件都具有的条件就是既定现象的原因（或结果）。求同法的研究设计除可以通过观察特定变量，以期揭示因果关系外，也常用于审慎地提出理论概念以便用于深化比较分析，以及提出便于探究理论概念之间关系的理论假设。

密尔的求同法聚焦于因变量或结果变量中的相同（或者说变化缺失）的情况。求同法通常选择两个或两个以上在自变量/原因变量上非常不同，但是在因变量或结果变量上却有一样的取值或有一样的结果的案例。求同法的基本逻辑是：因为所选案例的自变量大多不同，所以可以甄别出在大多不同的自变量中较为相似的自变量，从而推定其为导致结果变量一致的原因，如表9-1所示。

表9-1 求同法

案例	因变量	自变量1	自变量2	自变量3	自变量4	自变量5
案例甲	1	1	1	0	1	1
案例乙	1	0	0	1	0	1

在求同法的设计中，案例甲和案例乙尽管在自变量1、2、3和4上都完全不同，但是却都有取值相同的因变量，也就是有相同的结果。可以发现，在案例乙中，在自变量1、2、4均未出现的情况下（取值为0），案例乙的结果仍旧是出现的（取值为1）。而在案例甲中，在自变量3未出现的情况下（取值为0），案例甲的结果仍旧是出现的

① MARSH D，STOKER G. Theory and Methods in Political Science[M]. Palgrave Macmillan，2010：291-292.

(取值为1)。鉴于此,我们可以拒绝自变量1、2、3、4为该项研究中结果变量的非必要条件。

在这个案例的比较分析研究中,我们需要重点关注的是自变量5的情况。在案例甲和案例乙的其他自变量都完全不同的情况下,唯独自变量5在两个案例中是一致的(取值都是1)。由此我们可以判定,在案例甲和案例乙中,自变量5和因变量之间存在相关关系,并且由此也可以推论,自变量5和因变量之间的关系很可能就是因果关系。我们可以通过更为系统深入的过程追踪,来进一步判定自变量5和因变量之间究竟是否存在因果关系。但是,通过辨析自变量1、2、3、4和因变量之间的关系,我们可以判定这些自变量和因变量之间不存在因果关联。

求同法也有其局限性,需要由其他方法来补短板。这样的局限包括:第一,当我们发现两个以上的前件都在各事件中保持不变时,就会产生另一个问题,也就是用这个方法无法判定到底是哪一个不变前件是现象产生的真正原因;第二,这一方法无法处理多重因果性,也就是在某一个案中,E是由A导致的,而在另一些个案中,却是由B导致的。

2. 求异法

密尔把求同法当作现象间因果关联较弱的展示,并认为求同法的弱点可由求异法来克服。求异法常用于在两个或两个以上案例之间比较分析的研究。这两个或两个以上案例在多个方面都相同或相似,而在研究者关注的变量及其关系方面存在差异。

密尔的求异法聚焦于因变量中的差异。使用求异法时,通常是选择两个或两个以上的案例,尽管所选案例在自变量上都非常近似,但是所选案例中最大的不同是因变量存在显著的差异。求异法的基本逻辑是:因为所选案例是在自变量上高度近似的案例,所以可以甄别出在高度相似的自变量中取值相同的自变量,并推定其为导致结果变量出现差异的自变量,从而识别其中的因果关系。

密尔对于求异法的界定是这样的:如果现象发生在一个事件中,而在另一个事件中没有发生,而这两个事件在绝大多数条件上都相似,而只有一个条件不同,且这个不同的条件只发生在第一个事件中,那么这一条件就区分了这两个事件,它就是现象的结果或原因,抑或原因之不可或缺的部分,如表9-2所示。

表9-2 求异法

案例	因变量	自变量1	自变量2	自变量3	自变量4	自变量5
案例丙	1	1	0	1	0	1
案例丁	0	1	0	1	0	0

在这个求异法的设计中，案例丙和案例丁是非常近似的，它们在一系列自变量中都有一致的取值，比如自变量1、2、3、4。但是，案例丙和案例丁的因变量取值不同。

在案例丁中，自变量1和3都是出现的(取值为1)，但是案例丁的因变量却是未出现(取值为0)。鉴于此，我们可以拒绝自变量1和3为非充分变量。如果在案例丁中，自变量1和3是充分变量，那么无论这两个自变量何时出现，其因变量都应该是出现才对。

在案例丙中，我们同样可以拒绝自变量2和4为非必要变量，因为在案例丙中自变量2和4都未出现时，因变量却发生了。鉴于此，自变量2和4可能是非必要变量，因为必要变量意味着除非自变量2和4出现，否则因变量就不可能发生。

在这个案例的比较分析中，我们需要重点关注的是自变量5的情况。因为自变量5的变化和该项研究关注的因变量的变化方向是高度一致的。由此可以确定的是，自变量5和因变量的变化是高度相关的。当然，变量间高度相关，也并不一定就是因果关系。但是，这仍旧提示我们这一对高度相关的值得更进一步探究，以辨识自变量5和因变量之间是不是一种因果关系。此外，由于通过上面的分析，我们已经剔除了自变量1、2、3、4，不可能和因变量之间存在因果关系。在这种情况下，我们最需要，也是最值得更进一步探究的就是自变量5和因变量之间的潜在因果关系。

求异法也有其局限性。在社会科学研究中，有时两个时点的纵贯数据可以提供这种方便比较分析的情境，但是这种接近实验室的数据非常少见。即使这种因果关系是客观存在的，要找到两个完全可以比较分析的案例也是比较困难的。鉴于此，往往是退而求此次，变量取值或分数的变异只能通过考察正面和反面案例，也就是结果出现或不出现的个案来得到，因此是间接的差异比较。

第十章

网络数据收集

随着互联网、大数据、云计算等技术的广泛使用，计算传播学研究领域得到了越来越多的重视。其研究工作大多通过大规模地收集和分析人类传播行为的数据，挖掘人类传播行为背后的模式和法则，分析模式背后的生成机制与基本原理。

对新闻传播数据的分析过程，与对通用的数据分析过程一样，包含数据收集、数据预处理和数据分析三个步骤。数据收集的方式往往影响收集到的数据质量，进而影响所需的数据预处理方法；采集到的数据内容和数据质量，也影响到分析结果的质量。因此，数据收集是非常重要的基础步骤。

第一节　常用的数据收集方法

随着互联网的高速发展，大量网上的数据为新闻传播学的研究提供了重要的素材。数据收集方法，较为常见的是以下几种。

1. 数据库

随着大数据技术的快速发展，很多行业都建立了数据库，供相关的从业人员和研究人员进行快速检索。同时，很多数据库也提供批量数据下载的功能，这极大地提高了数据收集的效率。除在行业特定的数据库进行查找之外，还可以考虑在开源网站上，比如 GitHub 等，查找大量的开放数据。

2. 官方网站

各级政府和企事业单位都将大量数据放在官方网站上，而这些数据通过搜索引擎是很难被搜索到的。比如，如果需要了解中山大学学费减免情况，那么可以登录中山大学信息公开网，在其提供的公开数据中找到相关信息。

3. 搜索引擎

搜索引擎是最常见的收集数据渠道之一。虽然，由于信息检索的局限性，往往很难直接把检索的结果作为数据进行分析，但是其能够帮助我们指向性地发现可能存在合适数据的地方，从而进行数据收集。

4. 其他数据来源

除以上几种常见的数据收集方法之外，考虑到数据分析和机器学习在各个领域的广泛应用，还可以通过查找一些组织的学习竞赛或分享代码的网站收集数据。比如 Kaggle 就是为开发商和科学家提供举办机器学习竞赛、托管数据库、编写和分享代码服务的平台。

5. 设计和开发爬虫程序进行搜集

虽然本章主要内容是介绍如何使用爬虫来收集数据，但是从收集数据的角度，开发爬虫、运行爬虫显然是成本高且收益较低的一种数据收集方式。在爬虫的开发过程中，编写代码和测试代码的工作量大且难度较高，而且爬取到的数据的质量和完整性也难以保证。因此，在开始进行爬虫设计之前，请先尝试上述的数据收集方式。

第二节 网络爬虫的基本结构和实例介绍

随着互联网的高速发展，大量网上的数据为新闻传播学的研究提供了重要的素材。分布于网站中的数据，如果没有对应的数据集供下载，那么往往需要使用网络爬虫的技术来进行数据收集。

在互联网上按照特定规律收集 Web 文档的程序被称为网络爬虫。爬虫技术最早用于构建搜索引擎。在互联网发展初期，为了解决网络用户信息获取效率低的问题，出现了最早的搜索引擎。搜索引擎通过网络爬虫收集网络上的大量信息，并使用信息检索技术，使得用户能在很短的时间内从互联网的海量信息中定位到所需信息。

一、网络爬虫的工作机制

一个最简单的爬虫结构，如图 10－1 所示。“目标 URL”是一个列表，包含了一系列目标数据所在的网络地址 URL。爬虫的“爬取列表管理”模块根据这个列表，推动“网页爬取”模块依次去访问各个网络地址，把对应的网页内容爬取下来，存储在电脑上，形成“存储结果”，由此完成了数据爬取的工作。

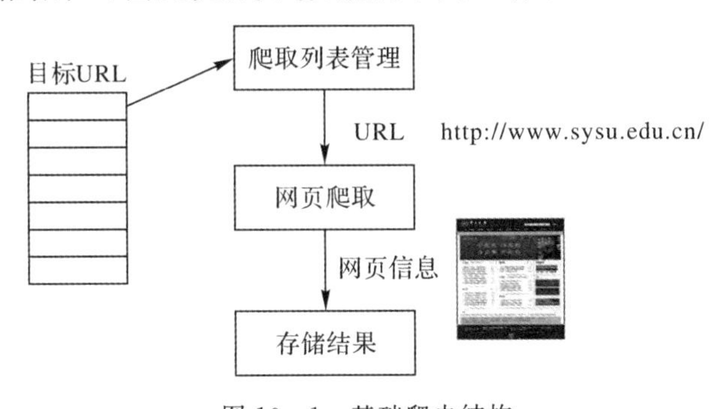

图 10－1 基础爬虫结构

在这个爬虫的结构里，爬取页面的工作是可以并行的。因为爬虫爬取 A 页面的信息时，并不会影响爬虫同时爬取 B 页面的信息。因此，在网络爬虫实现中，有大量的框架使用并行线程的方式，让爬虫能够同时采集多个页面，加快采集效率。具体的结构如图 10－2 所示，在采集过程中，爬虫的“爬取列表管理”模块根据“目标 URL”列表，将待爬取列表分发给多个“网页爬取”模块。

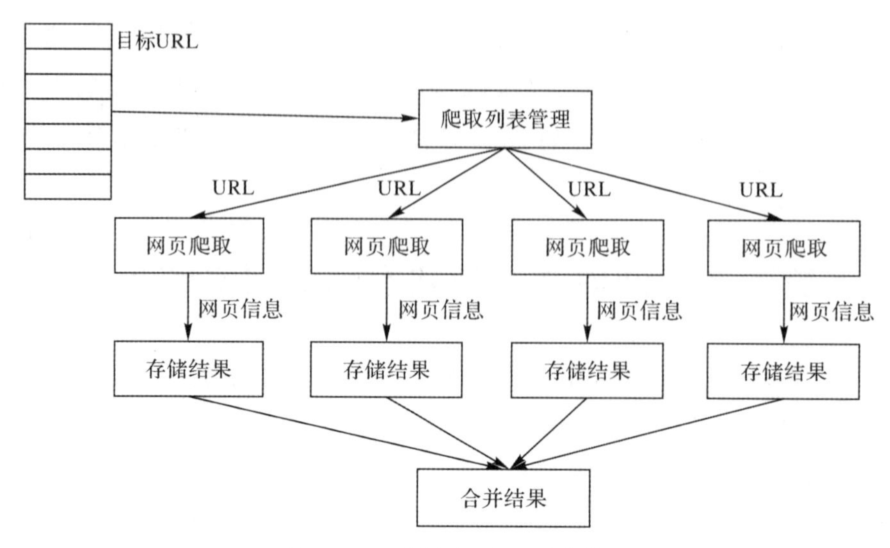

图 10－2　并行采集的爬虫结构

不同的“网页爬取”模块采集不同的页面信息，爬取回来的内容可以分别存储，再后续进行合并，也可以将每个“网页爬取”模块的结果存入同一个数据库，应用数据库进行数据的存储，如图 10－3 所示。

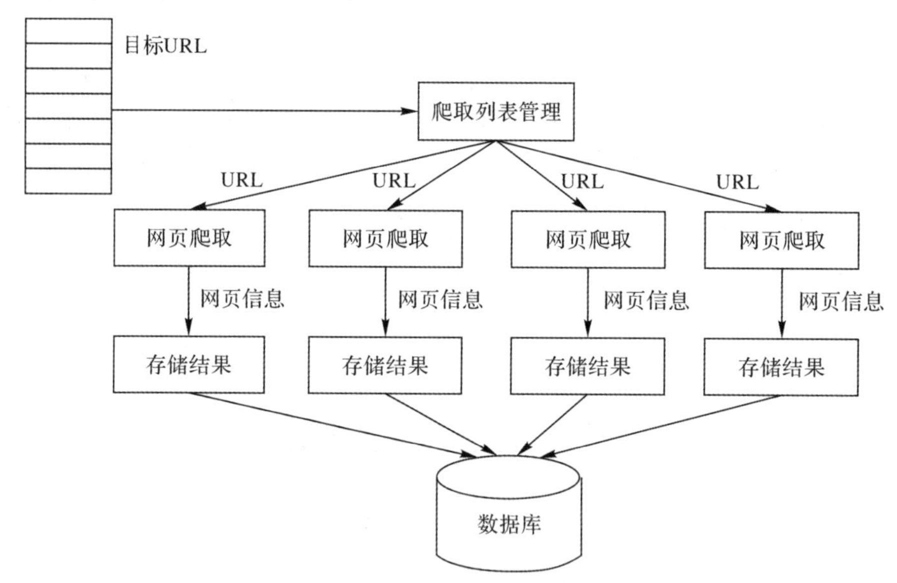

图 10－3　并行采集的爬虫结构(加数据库)

二、细化网络爬虫结构——以人民网爬虫为例

应用基本的爬虫结构来实现网络爬虫，需要根据爬取目标的特点进一步完善。基本的爬虫结构存在如下两个问题。

首先，我们往往很难预先知道要爬取的全部数据所在的网址，即“目标 URL”。

比如我们要爬取的是人民网社会·法治版块的新闻。这个版块的首页页面，如图10-4(a)所示，是这个版块的第一个目录页，包含了30条新闻。由于在新闻网站中，每天会一次或者多次更新新闻，因此这个页面的30条新闻的内容和其新闻详情的网址，每天可能都是不同的，甚至一天的不同时刻也可能是不同的。如果要收集整个版块的新闻，还要通过翻页去查找之前的新闻列表，每个页面包含的新闻也随着新增新闻的出现而发生变化。

其次，网络地址指向的页面，是包含目标数据的页面，但我们一般并不需要整个页面的信息。比如关于台风“灿都”来袭的新闻，如图10-4(b)所示，可以看到，页面中除了包含新闻的具体内容，还有热门新闻列表和推荐查看的内容等其他信息，这些不是爬虫爬取的目标。

(a)人民网社会·法治版块首页　　(b)新闻详情页面

图10-4　网页实例

对第一个问题，即关于URL的管理的问题，“目标URL”无法在设计爬虫的时候提前获取，那么需要对这个URL列表的获取过程进行细化。在爬虫运行中，虽然不是一开始就能够确定所有待爬取的页面，但是一般能够确定爬取的目标入口，以及如何基于这些入口去找到所有的页面。例如，如果要爬取的是整个新闻网站，由于我们知道新闻网站的首页，那么从首页进入，能够链接到的所有页面都是我们的目标URL。本章选取了人民网上特定版块的新闻作为爬取的目标，那么在爬虫运行前确定的URL就是该版块的首页。在爬取前，通过手工浏览页面，可以初步确定需要爬取的页面与该版块首页之间的关系，进而进一步确定爬取策略。

通常我们把页面分为三种：第一种是一开始就确定要爬取的页面，比如新闻列表的入口；第二种是运行过程中准备要继续爬取的页面；第三种是已经爬取信息的页面。

具体地，这三个列表分别为种子 URL 列表、待爬取 URL 列表以及已爬取 URL 列表。用于记录已爬取页面 URL 的列表，是可选的。但是，一般在爬虫实现中会设置这样一个列表，或者使用某些逻辑使得已爬取的页面列表可以被查看。这个步骤对于减少可能的重复爬取非常有用。在一个数据爬取任务中，由于网络爬虫在运行中经常会遇到网页刷新等情况，可能会对一些子列表进行重复爬取；而如果是对多个列表或者多个页面中的超链接进行爬取，这些超链接中可能存在着很多重复的链接。比如在人民网社会·法治版块中的新闻，可能也在滚动新闻列表中出现。通过这个对比，能够减少重复的页面爬取，提高爬虫运行的效率。

这样，爬虫的工作流程就变成如下程序。首先是设置一些已知的需要爬取的 URL 作为种子，根据种子 URL 去找到待爬取页面的 URL，然后将其填入待爬取 URL 列表中。爬虫依次从待爬取 URL 中获得网络地址，尝试访问这些网址并爬取其内容。如果能成功访问某个 URL，那么就可以将其从待访问列表中删除，填入已访问列表中。

回到爬取人民网社会·法治版块中的例子。虽然不知道目标的 URL 是哪些，但是在社会·法治版块中，如图 10－4(a)所示，可以看到其新闻列表。通过手工一一复制入口网页的网址，添加进种子 URL 列表中，可以形成如图 10－5 所示的列表。值得注意的是，一般要求种子 URL 中的页面的解析规则是一样的，这样才能使用同一种程序进行处理。

待爬取URL
http://society.people.com.cn/GB/86800/index.html
http://society.people.com.cn/n1/2021/0818/c1008-32197964.html
http://legal.people.com.cn/n1/2021/0818/c437398-32197597.html
http://legal.people.com.cn/n1/2021/0818/c438601-32197551.html

图 10－5　种子网页实例

接着，需要依次去分析每个子版块的情况。具体地，可以使用网络浏览器打开网页，使用查看源码地的方式，去确定网页具体的源码。典型的静态网页如果是使用 HTML、CSS、JavaScript 等技术实现的，可以直接查看到完整的页面内容。比如“本网原创”版块，如图 10－6 所示，上部列表里是截取网页的部分页面，其在页面上展示的信息是新闻的标题，而其类型是一个超链接。每一个超链接都对应一个新闻详情页面。使用查看源码的方式,可以看到网络爬虫读到的信息。爬虫可将每个种子 URL 页面中的新闻列表的链接提取出来,加入爬取 URL 中。在这个页面中,还存在“下一页”按钮,它的类型也是超链接,点击后可以进入一个新的新闻列表页面。那么,“下一页”链接指向的 URL,就是下一页的新闻列表页面,也需要存入待爬取 URL 中。

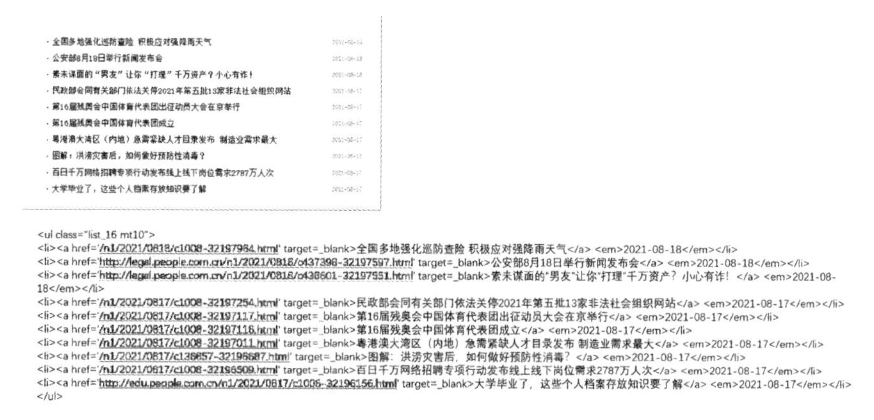

图 10-6 “本网原创”版块

在这个页面中可以看到,待爬取的 URL 有两类,如图 10-7 所示。一类指向的页面是包含新闻列表的 URL,另一类指向的页面是具体的新闻详情的 URL。比如在这个页面中,方框框起来的新闻详情的 URL,被称为“待爬取内容页面”,最底部方框框起来的是包含新闻列表的 URL,被称为“待爬取链接页面”。在这个例子中,这两类 URL 是在同一个新闻链接的页面中。因此,对于每个“待爬取链接页面”中的页面,获取到了网页信息之后,需要进行两种内容的提取:一种是提取待爬取链接 URL,比如新闻列表对应

图 10-7 待爬取的 URL 种类

的链接；另一种是提取待爬取内容 URL，比如新闻详情。一般来说，从网页中提取出的待爬取的 URL，需要和已爬取的 URL 做对比，确认没有被爬取过，才可补充到待爬取列表中。比如，如果制定规则是每次增加“下一页”页面的链接到“待爬取链接页面”中，那么到了最后一页的时候，点击下一页就会和当前页是一样的，不需要重复爬取。

根据如上的分析，可以对爬虫的结构进行重新整理，得到如图 10－8 所示的结构，具体包括如下几个主要步骤。

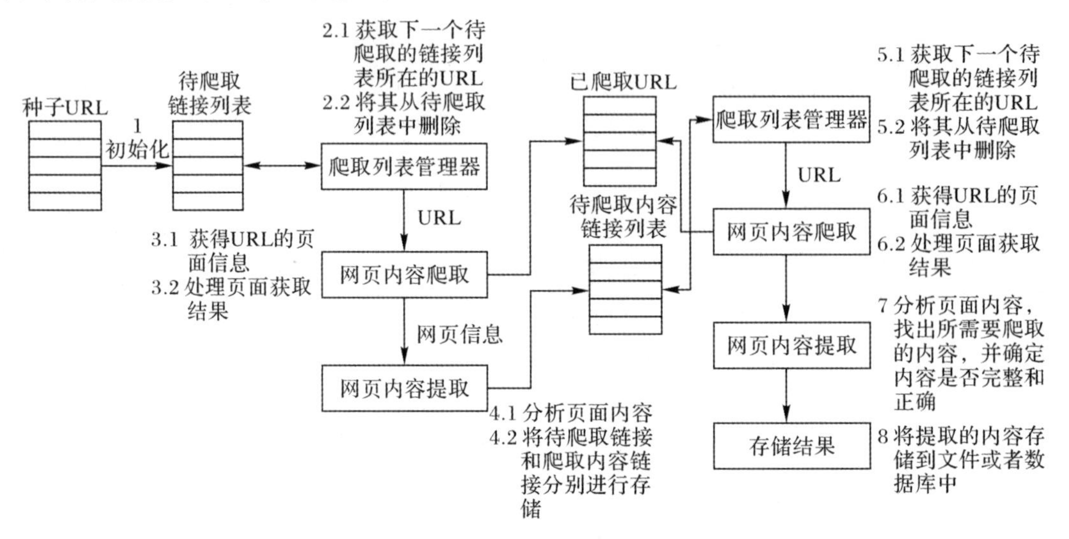

图 10－8　细化的网页爬虫结构

1. 初始化

爬虫要爬取的种子 URL 列表是由用户预先设置的，比如在例子中，是手工提取的各个版块的首页面。这个列表是最初的待爬取链接列表。

2. 爬取列表管理器（待爬取链接列表）

爬取列表管理器会依次读取待爬取链接列表，将每个待爬取的链接进行处理，而后将其从待爬取链接列表中删除。

（1）获取下一个待爬取的链接列表所在的 URL。

（2）将其从待爬取列表中删除。

3. 网页内容爬取（链接列表页面）

对一个链接列表 URL，爬虫会进行页面内容爬取，并通过网络发送信息来取得 URL 的页面信息。如果成功获得了页面信息，就会解析页面信息。如果没有办法获得反馈的结果，可以考虑对应开展一些常见的处理措施。比如，设定一定时间间隔进行重试，或者返回列表的尾端，后续再试。这两种措施对于由于偶然出现的网络原因造成的访问失败是有效的，在一些比如网页无法访问或者无法正常显示的情况下，就可能造成无限次的失败尝试。通常，对于网页爬取的多次重试，会设置一些机制，比如最多只尝试三次或者五次，如果还是无法成功，就将其存入一个特殊列表中，用于后续人工分析。

(1)通过网络发送请求获得 URL 的页面信息。

(2)如果成功获得页面信息，将其记录到已爬取页面中。如果未能成功，采取对应的处理方法：①重试；②放回列表中；③在单独的列表中存放。

4. 网页内容提取(链接列表页面)

页面信息可能包含两种 URL：一种是待抓取链接的 URL，比如翻看下一页的链接；一种是待爬取详情的 URL，比如具体某则新闻的 URL。爬虫需要将其分别填入待爬取链接列表和待爬取内容列表里面，完成之后可以将当前页面登记到已经爬取的页面中。

(1)分析页面内容，提取待爬取 URL。

(2)将待爬取 URL 与已爬取列表进行对比，避免出现重复爬取。

经过这个过程，就可处理完所有待爬取列表。在本章的例子中，爬虫访问了从这些版块入口页面能够进入的所有新闻列表页面。同时，爬虫也将页面中的新闻内容链接存储起来。需要注意的是，这个过程能够终止，是由于列表的数目和新闻的数量都是有限的。在所有的网站上，条目的数量都是有限的，但是数量有可能非常巨大。具体在爬虫实现上，可以在爬取过程中设置一个计数器，当采集的数量达到要求的时候停止运行。

5. 爬取列表管理器(待爬取内容链接列表)

这个爬取列表管理器，功能与图 10－8 左部的管理器是一样的，只是管理的列表不一样。因为图 10－8 右边的结构主要是为爬取 URL 中的具体内容。爬取列表管理器还是依次读取待爬取内容链接的列表，如果能够获得链接的页面内容，就会进行解析处理，然后将它从列表中删除。如果不能获得页面信息，那么可以采取与列表链接页面无法爬取时类似的处理方式。

(1)获取下一个待爬取链接列表所在的 URL。

(2)将其从待爬取列表中删除。

6. 网页内容爬取(新闻详情页面)

网页的内容爬取基本是通用的，与左边的网页内容爬取过程一致。

(1)通过网络发送请求获得 URL 的页面信息。

(2)如果成功获得页面信息，将其记录到已爬取页面中。如果未能成功，采取对应的处理方法：①重试；②放回列表中；③在单独的列表中存放。

7. 网页内容提取(新闻详情页面)

对于具体的详情页面,如果不需要在这个页面上继续扩充新闻内容的链接,那么其处理方法主要是找出所需要的内容,并且确定这些内容是否完整和正确。对网页内容的提取,需要对网页的结构进行分析。静态页面相对简单,可以通过提取HTML页面的DOM树中的节点获取相应内容。在实现部分,将再补充关于HTML解析的方法。

8. 存储结果

最后,使用爬虫程序将提取的内容组织存储起来,一般是存储在文件或者数据库中。

第三节　网络爬虫相关的法律法规问题

20世纪90年代初期,搜索引擎技术快速发展。搜索引擎的出现极大地提高了用户获取信息的效率,但是也产生了一些新的问题:一是网络机器人过快爬取或重复爬取相同的网页内容,会导致受访网站的服务器负担过大,影响网站正常运行,甚至造成服务器崩溃;二是一些网络机器人爬取网站管理后台的内部信息、临时性文件、CGI脚本等数据,这些数据中包含许多具有使用价值的信息,会造成信息泄露。

因为网页无法预先知道有哪些爬虫会来爬取信息,所以需要建立一种受访网站与网络爬虫之间的交互协议。通过这种方式,网站所有者能够提示网络爬虫哪些网页内容没有必要爬取,从而引导其爬取对网络用户有用的信息;同时能够限制网络爬虫,使其不会爬取网站不希望用户直接通过搜索引擎获取的信息。

为解决上述问题,一名荷兰的网络工程师于1994年初首先提出通过在网站的根目录下设置robots.txt文件的方式,来提示搜索引擎的网络爬虫能够爬取的范围。在互联网从业人员的公开邮件组里,大家对这个话题开展了讨论。1994年6月30日,这些从业人员在网络爬虫邮件组论坛上就这个提议达成一致意见,并形成了一个书面文档《机器人排除标准》(*A Standard for Robot Exclusion*),其中有如下说明:“它不是一个由标准组织备案的官方标准,也不属于任何商业组织。它没有强制执行力,也不能保证所有目前的或未来的网络爬虫将使用它。它是网络爬虫的设计者们提供给互联网社区的一个通用工具,能够保护服务器免受网络爬虫不必要的打扰。”

对于如何设置robots.txt文件,《机器人排除标准》也给出了具体的说明。例如,设置User-agent,用于说明搜索引擎网络机器人的名字;设置Disallow,用于说明不希望被爬取的网页或目录;"*"代表所有搜索引擎的网络爬虫;"/"代表所有目录。具体如图 10-9 所示。

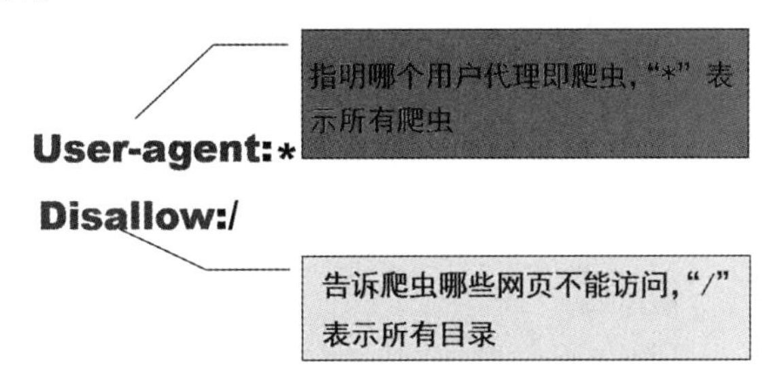

图 10-9 robots. txt 文件内容案例

如果某网站希望禁止任何搜索引擎的网络机器人爬取,该网站的 robots. txt 文件写法如下:

User-agent: *
Disallow:/

如果某个网站希望禁止任何搜索引擎的网络机器人爬取/main/users/目录、/tmp/目录及/index. html 文件,该网站的 robots. txt 文件写法如下:

User-agent: *
Disallow:/main/users/
Disallow:/tmp/
Disallow:/index. html

因此,在准备数据收集的时候,如果需要使用网络爬虫,要先检查目标数据源,也就是要爬取的网站,查看它的 robots. txt 文件。这个文件可以在网址的/robots. txt 路径中进行查看。以人民网为例,可以在 http://www. people. com. cn/robots. txt 查到以下规定。这里的规定显示,该网站运行爬虫程序去访问所有的文件目录,但是要求爬虫的爬取间隔为 120 毫秒以上。

User-agent: *
Disallow:
Crawl-delay:120
Sitemap:http://www. people. cn/sitemap_index. xml

对应地,查看新浪微博的 robots. txt 文件 https://weibo. com/robots. txt,可以看到,微博允许一些搜索引擎对其进行爬取,但是除特定的爬虫之外,不允许其他爬虫进行爬取。具体如图 10-10 所示。

```
Sitemap: http://weibo.com/sitemap.xml
User-agent: Baiduspider
Disallow:
User-agent: 360Spider
Disallow:
User-agent: Googlebot
Disallow:
User-agent: Mediapartners-Google
Disallow:
User-agent: Sogou web spider
Disallow:
User-agent: bingbot
Disallow:
User-agent: smspider
Disallow:
User-agent: HaosouSpider
Disallow:
User-agent: YisouSpider
Disallow:
User-agent: *
Disallow: /
```

图 10－10　新浪微博允许爬取数据的搜索引擎

在我国，在对爬虫程序的管理上，实际上也是以网络爬虫相关协议作为搜索引擎爬取行为的规范的。2012 年 11 月，在中国互联网协会的组织下，12 家互联网企业签署了《互联网搜索引擎服务自律公约》。该公约第七条第一款规定：遵循国际通行的行业惯例与商业规则，遵守机器人协议（robots 协议）。第八条规定：互联网站所有者设置机器人协议应遵循公平、开放和促进信息自由流动的原则，限制搜索引擎抓取应有行业公认合理的正当理由，不利用机器人协议进行不正当竞争行为，积极营造鼓励创新、公平公正的良性竞争环境。

因此，我们要注意，不遵守机器人协议的网络爬虫，是存在法律风险的。《中华人民共和国刑法》第二百八十五条规定，【非法获取计算机信息系统数据、非法控制计算机信息系统罪】违反国家规定，侵入前款规定以外的计算机信息系统或者采用其他技术手段，获取该计算机信息系统中存储、处理或者传输的数据，或者对该计算机信息系统实施非法控制，情节严重的，处三年以下有期徒刑或者拘役，并处或者单处罚金；情节特别严重的，处三年以上七年以下有期徒刑，并处罚金。

第四节 网络爬虫实现实例

以人民网的新闻爬取为例，本小节介绍一个典型的爬虫的实现。其选用了 R 语言来实现网络爬虫。

作为准备工作，在实现爬虫之前，需要检查网站的 robots. txt 文件。可以看到人民网上的新闻内容是可以被爬取的，但是需要设定一定的时间间隔。

下面，本小节从页面内容提取、爬虫实现两个部分，介绍网络爬虫的实现。

一、页面内容提取

爬虫的目标是批量获取网站上页面中的信息。因此，如何从页面中提取信息，是爬虫实现的基础。从上一小节的分析可以看到，爬虫需要分别对新闻链接列表页面和新闻内容列表页面进行内容提取。那么，提取前需要了解网站的页面结构，确定在网页中如何获取新闻链接的列表，如何获取新闻的具体内容。

本节选定人民网社会·法治版块的“本网原创”内容作为爬虫开始爬取的页面，也就是种子 URL。接着使用浏览器打开该网页，观察页面信息，看看如何提取“新闻列表链接”和“新闻内容链接”。页面中新闻标题所对应的链接，都属于“新闻内容链接”；而页面下方的目录导航的链接，即可以进入新闻列表的第 1 页到第 7 页，以及“下一页”，都属于“新闻列表链接”。通过“新闻列表链接”能找到更多的“新闻内容链接”。经过查看可以发现，这个页面只能提取链接，而具体的新闻内容还需要再进一步查看。

由于这是一个静态页面，可以使用浏览器查看源代码的功能，还可去查看根据链接所获取的网页的具体信息。在源代码中，可以根据新闻标题等关键词，定位到新闻列表链接所对应的源代码的部分。如图 10－11 所示的是定位到的新闻链接列表对应的 HTML 源代码。HTML(Hyper Text Markup Language)的全称为超文本标记语言，它包括一系列标签，通过这些标签可以将网络上的文档格式统一，使分散的 Internet 资源组成一个逻辑整体。标准的超文本标记语言文件都具有一个基本的整体结构，标记一般都是成对出现，只有少部分标记除外，例如
<img/>。标记符中的标记元素用尖括号括起来，带斜杠的元素表示该标记说明结束；大多数标记符必须成对使用，以表示作用的起始和结束。标记符<html>说明该文件是用超文本标记语言来描述的，它是文件的开头；而</html>则表示该文件的结尾。它们是超文本标记语言文件的开始标记和结尾标记。

```
<div class=" w1000 ej_content mt30">
  <div class="fl w655">
    <div class="lujing"><a href="http://www.people.com.cn/">人民网</a> &gt;&gt; <a href="http://society.people.com.cn/">社会·法治</a> &gt;&gt; <a href="http://society.people.com.cn/GB/86800/">本网原创</.
    <div class="ej_list_box clear">
      <ul class="list_16 mt10"><li><a href='/n1/2021/0913/c1008-32225567.html' target=_blank>福建仙游警方给新冠确诊人员戴手铐脚镣？官方回应</a> <em>2021-09-13</em></li>
<li><a href='http://legal.people.com.cn/n1/2021/0913/c438601-32225492.html' target=_blank>破解防沉迷？小心，让孩子们远离这种骗局</a> <em>2021-09-13</em></li>
<li><a href='http://legal.people.com.cn/n1/2021/0913/c205462-32225456.html' target=_blank>9月13日开始，严查酒驾</a> <em>2021-09-13</em></li>
<li><a href='/n1/2021/0913/c1008-32225349.html' target=_blank>台风“灿都”逼近 多部门联动做好防御台风工作</a> <em>2021-09-13</em></li>
<li><a href='/n1/2021/0913/c1008-32224917.html' target=_blank>台风“灿都”来袭 多地全力做好防汛防台风工作</a> <em>2021-09-13</em></li>
<li><a href='/n1/2021/0912/c1008-32224662.html' target=_blank>应对台风“灿都” 上海及浙江多地学校发布停课通知</a> <em>2021-09-12</em></li>
<li><a href='/n1/2021/0912/c1008-32224661.html' target=_blank>防御台风“灿都” 国家防总启动防汛防台风Ⅲ级应急响应 </a> <em>2021-09-12</em></li>
<li><a href='/n1/2021/0912/c1008-32224627.html' target=_blank>为民解难 为党分忧——第二届“最美信访干部”发布仪式在京举行</a> <em>2021-09-12</em></li>
<li><a href='/n1/2021/0912/c1008-32224593.html' target=_blank>“莎姐”检察官梅玫：守护少年向阳而生</a> <em>2021-09-12</em></li>
<li><a href='/n1/2021/0911/c1008-32224298.html' target=_blank>第22个“世界急救日” 做学校社区的急救英雄</a> <em>2021-09-11</em></li>
</ul>
       <div class="line1"></div>
       <ul class=" list_16 mt10"><li><a href='/n1/2021/0910/c1008-32223954.html' target=_blank>公安部集中打击妨害国（边）境管理犯罪 抓获犯罪嫌疑人3.08万人</a> <em>2021-09-10</em></li>
<li><a href='http://legal.people.com.cn/n1/2021/0910/c205462-32223942.html' target=_blank>“货拉拉女乘客坠亡案”一审开庭宣判 判处被告人有期徒刑一年，缓刑一年</a> <em>2021-09-10</em></li>
<li><a href='/n1/2021/0910/c1008-32223911.html' target=_blank>民政部近日对中国硬笔书法协会进行立案调查</a> <em>2021-09-10</em></li>
<li><a href='/n1/2021/0910/c1008-32223828.html' target=_blank>人社部等4部门对美团、滴滴等企业保障新就业形态劳动者权益开展联合行政指导</a> <em>2021-09-10</em></li>
<li><a href='/n1/2021/0910/c1008-32223797.html' target=_blank>甘肃检察机关依法对李宁平涉嫌受贿、巨额财产来源不明、国有公司人员滥用职权案提起公诉</a> <em>2021-09-10</em></li>
<li><a href='/n1/2021/0910/c1008-32223047.html' target=_blank>以案说法|尊师重教 法律这样保障民办学校教师权益</a> <em>2021-09-10</em></li>
<li><a href='/n1/2021/0910/c1008-32223035.html' target=_blank>教师节普法：依法治教 法律为教师权益保驾护航</a> <em>2021-09-10</em></li>
<li><a href='/n1/2021/0909/c1008-32222828.html' target=_blank>北京海淀一公园有科研人员遗落的探测金属链？警方辟谣</a> <em>2021-09-09</em></li>
<li><a href='/n1/2021/0909/c1008-32222559.html' target=_blank>如何守护百姓美好生活？检察机关这样发力</a> <em>2021-09-09</em></li>
<li><a href='/n1/2021/0909/c1008-32222382.html' target=_blank>劳荣枝案一审宣判 以故意杀人、抢劫、绑架三罪并罚判死刑</a> <em>2021-09-09</em></li>
</ul>
       <div class="line1"></div>
       <ul class=" list_16 mt10"><li><a href='http://legal.people.com.cn/n1/2021/0909/c438601-32222024.html' target=_blank>“财务”通知领“工资补贴”？小心上当</a> <em>2021-09-09</em></li>
<li><a href='/n1/2021/0908/c1008-32221705.html' target=_blank>三部门联合启动2021年高校未就业残疾人毕业生专项帮扶活动</a> <em>2021-09-08</em></li>
<li><a href='/n1/2021/0908/c1008-32221664.html' target=_blank>全国各类人力资源服务机构年营业收入首次突破2万亿元</a> <em>2021-09-08</em></li>
<li><a href='/n1/2021/0908/c1008-32221632.html' target=_blank>河北省人民检察院依法对谢长军决定逮捕</a> <em>2021-09-08</em></li>
<li><a href='/n1/2021/0908/c1008-32221609.html' target=_blank>“伪造证明票据”“勾结行政管理人员”公安部公布长江非法采砂十大典型案例</a> <em>2021-09-08</em></li>
<li><a href='/n1/2021/0908/c1008-32221608.html' target=_blank>公安部严厉打击长江非法采砂犯罪 8个月以来侦破涉案金额超亿元</a> <em>2021-09-08</em></li>
<li><a href='/n1/2021/0908/c1008-32221449.html' target=_blank>“双减”会不会增加教师负担？教育部回应</a> <em>2021-09-08</em></li>
<li><a href='/n1/2021/0908/c1008-32221179.html' target=_blank>慈善法实施5年，在法治轨道上推动慈善事业行稳致远</a> <em>2021-09-08</em></li>
<li><a href='/n1/2021/0908/c1008-32221136.html' target=_blank>人民说法|大学生领证1小时闹离婚？法院这样判</a> <em>2021-09-08</em></li>
<li><a href='/n1/2021/0908/c1008-32221126.html' target=_blank>大学毕业生创业，这份国家资助政策大礼包请查收！</a> <em>2021-09-08</em></li>
</ul>
       <div class="page_n clearfix">  <a class="common_current_page">1</a> <a href='index2.html'  >2</a> <a href='index3.html'  >3</a> <a href='index4.html'  >4</a> <a href='
</div>
```

图 10－11　新闻链接列表的对应 HTML 源代码

在这个页面里，新闻的内容链接都与标题信息相绑定，由一个 HTML 中的<li>元素定义。从成对出现的<li>和</li>这两个标记可以看到其内部都包含了<a>和</a>这两个标记，里面包含了一条新闻链接所对应的定义内容。<a>元素中的文本是新闻标题，而属性 href 是链接信息。所有的新闻链接，也就是 30 条<li>元素，被分成三个子集合，分属于三个<ul>元素，而这三个<ul>元素的 class 都是“list_16. mt10”。

使用 R 语言编写程序，将这个页面中的新闻详情的链接提取出来，需要处理以下两个问题。

第一，如何抓取网页信息？

在浏览器中输入网址，可以获得网页的可视化展示以及其网页的源代码。具体可使用查看源代码的方式看到结果。针对静态页面，可以通过发送请求获得其页面所有信息，并不需要动态再模拟用户行为去进行动态内容的获取，较为简单。而从网页上爬取信息是很多软件的基本功能之一，在不同编程语言中都有对应的软件包能够辅助相应的功能实现。在这个例子中，选择使用 R 语言中的 rvest 包来进行网页内容爬取。rvest 是用来帮助从网页上爬取信息，灵感来源于 Python 中的 Beautiful Soup，能对网页结构进行格式化，支持对其增、删、改、查的常用操作。

第二，如何从网页中提取特定元素的信息？

除了标记的类型，可用参数对元素作进一步的限定：多个参数或属性项说明次序不限，其间用空格分隔即可。例如，例子中一条新闻标题对应的 HTML 元素是<li>元素，每个<li>元素中包含一个<a>元素，而<a>元素中有两个属性，分别为 href 和 target。已有的工具包提供了通过制定标记元素的类型和属性的方式来提取元素信息的方法。在这个例子中，选择使用 R 语言中的 rvest 包，就具有这样的功能。

提取页面的程序如图 10－12 所示。第 1 行程序先导入所需的软件包；第 2 行初始化变量 url，将其设为待访问的页面 URL；第 3 行包含一个函数调用与赋值，具体是使用 R 语言 rvest 包中的 read_html()接口，去获取 URL 的页面的信息，并将得到的页面信息存入 webpage 这个变量中。这里 read_html()的括号中所列的是使用这个操作所需的输入参数，分别为要访问的网页 url，以及结果对应的解码方式，具体是设置了 encoding 这个参数。这个编码方式可以在目标网页的源码中得到。

接下来，程序将在获得的 HTML 页面上进行提取，也就是在 webpage 上进行操作。程序的第 4 行和第 6 行，分别是从页面中提取<a>元素，然后获得其文本和属性，并进行了输出。具体地，程序使用 html_nodes()这个接口去提取信息。其中变量 ul. list_16. mt10 li a 代表的是找到所有 class 为 list_16. mt10 的<ul>元素，然后在这些<ul>元素里面提取<li>元素，接着在这些<li>元素里面提取<a>元素，所以提取的是<a>元素组成的列表。对于这个列表，第 4 行和第 6 行分别使用 html_text()和 html_attrs()提取元素的文本信息和属性信息。第 5 行和第 7 行分别输出了提取后的结果，新闻标题列表 titleList 和<a>元素属性 links 的数据，用来查看提取的信息是否符合预期。

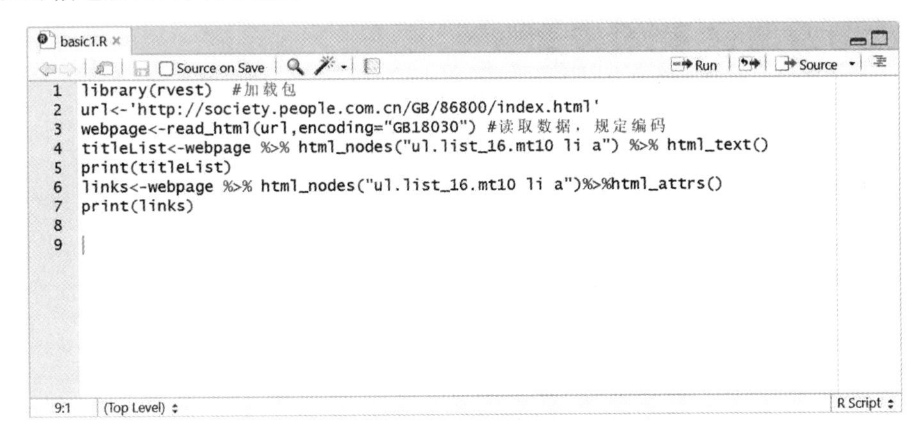

图 10－12 页面提取的代码

运行该程序，可以看到如图 10－13 和图 10－14 的输出结果。图 10－13 的输出列表，对应的是程序中的 titleList；图 10－14 的输出列表，对应的是程序中的 links。可以看到，新闻标题和属性的数量与在页面上看到的是一致的。图 10－13 输出的是文本的列表，对应的是新闻标题；图 10－14 输出的是元素的属性，属性包含了 href 属性和 target 属性。href 元素里面的链接格式不一样，有些是完整的，比如第 2 条、第 3 条和第 12 条记录，而有些是不完整的相对路径。如果需要访问这些链接来获得具体的新闻内容，那么在放入内容链接列表之前，需要将相对链接中省略的部分补充完整。只有具备完整的URL，才能使用rvest包中的read_html()接口获得页面信息。

```
[1] "福建仙游警方给新冠确诊人员戴手铐脚镣？官方回应"
 [2] "破解防沉迷？小心，让孩子们远离这种骗局"
 [3] "9月13日开始，严查酒驾"
 [4] "台风"灿都"逼近  多部门联动做好防御台风工作"
 [5] "台风"灿都"来袭  多地全力做好防汛防台风工作"
 [6] "应对台风"灿都"  上海及浙江多地学校发布停课通知"
 [7] "防御台风"灿都"  国家防总启动防汛防台风Ⅲ级应急响应  "
 [8] "为民解难  为党分忧—第二届"最美信访干部"发布仪式在京举行"
 [9] ""莎姐"检察官梅玫：守护少年向阳而生"
[10] "第22个"世界急救日"  做学校社区的急救英雄"
[11] "公安部集中打击妨害国（边）境管理犯罪  抓获犯罪嫌疑人3.08万人"
[12] ""货拉拉女乘客坠亡案"一审开庭宣判  判处被告人有期徒刑一年，缓刑一年"
[13] "民政部近日对中国硬笔书法协会进行立案调查"
[14] "人社部等4部门对美团、滴滴等企业保障新就业形态劳动者权益开展联合行政指导"
[15] "甘肃检察机关依法对李宁平涉嫌受贿、巨额财产来源不明、国有公司人员滥用职权案提起公诉"
[16] "以案说法|尊师重教  法律这样保障民办学校教师权益"
[17] "教师节普法：依法治教  法律为教师权益保驾护航"
[18] "北京海淀一公园有科研人员遗落的探测金属链？警方辟谣"
[19] "如何守护百姓美好生活？检察机关这样发力"
[20] "劳荣枝案一审宣判  以故意杀人、抢劫、绑架三罪并罚判死刑"
[21] ""财务"通知领"工资补贴"？小心上当"
[22] "三部门联合启动2021年离校未就业残疾人毕业生专项帮扶活动"
[23] "全国各类人力资源服务机构年营业收入首次突破2万亿元"
[24] "河北省人民检察院依法对谢长军决定逮捕"
[25] ""伪造证明票据""勾结行政管理人员"公安部公布长江非法采砂十大典型案例"
[26] "公安部严厉打击长江非法采砂犯罪  8个月以来侦破涉案金额超亿元"
[27] ""双减"会不会增加教师负担？教育部回应"
[28] "慈善法实施5年，在法治轨道上推动慈善事业行稳致远"
[29] "人民说法|大学生领证1小时闹离婚？法院这样判"
[30] "大学毕业生创业，这份国家资助政策大礼包请查收！"
```

图10－13　程序输出结果1

```
[[1]]  href  target "/n1/2021/0913/c1008-32225567.html""_blank"
[[2]]  href "http://legal.people.com.cn/n1/2021/0913/c438601-32225492.html"  target  "_blank"
[[3]]  href "http://legal.people.com.cn/n1/2021/0913/c205462-32225456.html"  target  "_blank"
[[4]]  href  target "/n1/2021/0913/c1008-32225349.html" "_blank"
[[5]]  href  target "/n1/2021/0913/c1008-32224917.html" "_blank"
[[6]]  href  target "/n1/2021/0912/c1008-32224662.html" "_blank"
[[7]]  href  target "/n1/2021/0912/c1008-32224661.html" "_blank"
[[8]]  href  target "/n1/2021/0912/c1008-32224627.html" "_blank"
[[9]]  href  target "/n1/2021/0912/c1008-32224593.html" "_blank"
[[10]]  href  target "/n1/2021/0911/c1008-32224298.html" "_blank"
[[11]]  href  target "/n1/2021/0910/c1008-32223954.html" "_blank"
[[12]]  href "http://legal.people.com.cn/n1/2021/0910/c205462-32223942.html" target  "_blank"
[[13]]  href  target "/n1/2021/0910/c1008-32223911.html" "_blank"
[[14]]  href  target "/n1/2021/0910/c1008-32223828.html" "_blank"
[[15]]  href  target "/n1/2021/0910/c1008-32223797.html" "_blank"
[[16]]  href  target "/n1/2021/0910/c1008-32223047.html" "_blank"
[[17]]  href  target "/n1/2021/0910/c1008-32223035.html" "_blank"
[[18]]  href  target "/n1/2021/0909/c1008-32222828.html" "_blank"
[[19]]  href  target  "/n1/2021/0909/c1008-32222559.html" "_blank"
[[20]]  href  target  "/n1/2021/0909/c1008-32222382.html" "_blank"
[[21]] href "http://legal.people.com.cn/n1/2021/0909/c438601-32222024.html"  target  "_blank"
[[22]]  href  target "/n1/2021/0908/c1008-32221705.html" "_blank"
[[23]]  href  target "/n1/2021/0908/c1008-32221664.html" "_blank"
[[24]]  href  target "/n1/2021/0908/c1008-32221632.html" "_blank"
[[25]]  href  target "/n1/2021/0908/c1008-32221609.html" "_blank"
[[26]]  href  target "/n1/2021/0908/c1008-32221608.html" "_blank"
[[27]]  href  target "/n1/2021/0908/c1008-32221449.html" "_blank"
[[28]]  href  target "/n1/2021/0908/c1008-32221179.html" "_blank"
[[29]]  href  target "/n1/2021/0908/c1008-32221136.html" "_blank"
[[30]]  href  target "/n1/2021/0908/c1008-32221126.html" "_blank"
```

图10－14　程序输出结果2

在这个简单程序中，对网页信息的爬取和内容提取进行了展示。要获取一个新闻目录页面中的链接信息，还需要扩展以下内容。补全后的程序代码如图10－15所示。

```r
library(xml2)  #加载包
library(rvest)  #加载包
library(stringr)  #加载包
getURLs<-function(){
  index = 0
  contentLinkList <-c()
  linkListURLs<- c()
  url<-'http://society.people.com.cn/GB/86800/index.html'
  site<-substring(url,1,str_locate_all(url,'/')[[1]][3]-1)
  webpage<-read_html(url,encoding="GB18030") #读取数据，规定编码
  titleList<-webpage %>% html_nodes("ul.list_16.mt10 li a") %>% html_text()
  links<-webpage %>% html_nodes("ul.list_16.mt10 li a")%>%html_attrs()
  print(links)
  for (j in  1:length(titleList)){
    index = index+1
    if (str_detect(links[j][[1]], "html")&& (!is.na(links[j][[1]]))){
      contentLinkList[index]<-links[j][[1]]
      if (!str_detect(contentLinkList[index], "http")){
        contentLinkList[index]<-str_c(site, contentLinkList[index])
      }
    }
  }
  contentLinkList<-contentLinkList[!duplicated(contentLinkList)]
  print(contentLinkList)

  site2<-substring(url,1,str_locate_all(url,'/')[[1]][5])
  pageLinks<-webpage %>% html_nodes("div.page_n.clearfix a")%>%html_attrs()
  for(j in 1:length(pageLinks)){
    if ((grepl(x=names(pageLinks[j][[1]]),pattern="href")&& (!str_detect(pageLinks[[j]][[1]], "http")))
      linkListURLs<-c(linkListURLs,str_c(site2, pageLinks[[j]][[1]]))
    }
  }
  linkListURLs<-linkListURLs[!duplicated(linkListURLs)]
  print(linkListURLs)
  return (contentLinkList)
}


contentURLs<-getURLs()
write.csv(contentURLs,"contentURl.csv")
```

图 10-15 页面提取代码(完整版)

(1)对新闻内容路径的补全。如图 10-14 所示,新闻详情页面的链接使用了相对路径和绝对路径两种方式。为了补全相对路径记录的链接,需要在不完整的相对路径前面添加当前页面的路径。具体地,可以通过从 URL 中,先用切词的方式提取出目前页面的主路径,存储在变量 site 中。对于提取出来的链接,需要依次判别其是否是一个合法的 URL。具体的判别标准包括其是否是以“html”结束,并且是一个非空字符串。接着,需要识别路径是相对路径还是绝对路径,这可以通过判断这个字符串是否以“http”作为开始来确定,如果以“http”开始就是一个完整的链接。对于不完整的链接,需要将 site 补充到前面,使其成为一个完整的网址。

在这个过程中涉及对字符串的判别。R 语言中提供了一系列对字符串处理的基础功能,可以在其官方文档中找到更多针对字符串的操作。在这个例子里使用了以下函数。

①str_detect():函数需要输入 a 和 b,a 和 b 都是作为输入参数的字符串,这个函数的功能是识别 a 字符串中是否包含 b 字符串,会返回 True(是)和 False(否)作为结果。

②str_locate_all():函数需要输入 a 和 b,a 和 b 都是作为输入参数的字符串,这个函数的功能是找到 b 字符串在 a 字符串中出现的所有位置,返回一个位置的列表,每一个位置都是 b 字符串在字符串 a 的索引位置。

③substring()：函数需要 3 个输入，分别为 s、first 和 last。s 是需要进行处理的字符串，first 和 last 用于表示需要提取出来的字符子串的在 s 中的下标，如果 last 不指定的话，就截取到字符串结束的地方。

④str_c()：函数需要两个输入 a 和 b，a 和 b 都是作为输入参数的字符串，这个函数的功能是将 a 字符串和 b 字符串进行拼接。

在完整版的页面提取代码中，第 8 行和第 10～13 行都是在上一个演示程序中的语句，用于在新闻列表页面中提取新闻标题和新闻的链接。在提取了链接之后，由于其存在相对路径和绝对路径两种情况，因此需要额外的步骤进行补齐。在第 9 行中，设置了变量 site，用于存储当前路径的主路径，是在“url”中进行提取，即使用了 substring 在“url”中进行提取。因为补齐的时候并不需要整个“url”的路径，只需要其主路径，也就是“http://society. people. com. cn/”，这里使用定位到其第三个“/”之前，便提取到这个主路径。在第 5 行，设置了 index 用于在程序中记录获得的“url”的数量情况。在第 6 行，设置了空列表 contentLinkList，用于存储从页面中提取到的新闻详情的链接。接着，在 14 行到 22 行，使用了一个循环结构来处理每一条的新闻详情的链接。在第 14 行使用 for 关键词，定义的循环结构是以 j 为循环变量，从 1 到 titleList 的长度去遍历每个“url”。在循环内部，首先用 index 记录了处理到的新闻详情链接的条目，每处理一条需要对 index 加 1。接着，在第 16 行判断链接中是否包含“html”以及是否非空，只有满足这样条件的字符串，才被认为是一个可用的路径，在第 17 行将链接存入列表 contentLinkList。在第 18 行，接着判断路径是否包含了“http”，如果不包含，就将其与 site 进行拼接，然后更新这一条路径在列表 contentLinkList 中的存储内容。在结束循环中，第 23 行和第 24 行对获得的 contentLinkList 列表进行进一步检查，因为列表中可能会有重叠，比如每个页面都包含了前后若干个新闻列表页面的链接。因此，完成一个页面的链接提取之后，额外需要对链接列表进行去重。使用了 duplicated()函数对获得的 contentLinkList 进行去重，使得后续遍历中不会对相同的新闻进行多次爬取，并输出结果。

(2)对新闻列表链接的提取。这个步骤与对新闻详情页面链接的处理基本是一致的。可以看到第 27 行和第 12 行程序是类似的，都是用 html_nodes()的方法获取链接信息，只是提取的元素所在的元素 class 不一样。页面下方指向第 1 页到第 7 页以及“下一页”的链接，每个链接放在一个<a>元素中，这些元素一起放在一个<div>元素中。

第 26 行使用了与第 9 行类似的方式去提取出链接的主路径。这些链接都使用相对路径进行记录，只是提取的用于填充的主路径有些许区别。第 28～32 行使用了相对第 14～22 行较为简单的写法，是因为使用了 grepl()操作，提取 href 属性。第 33～34 行与第 23～24 行实现一样的功能，不同之处在于新闻详情链接存在于

contentLinkList 中，而新闻列表链接存在 linkListURLs 中。

(3)程序内容组织。在更新的程序中对程序结构进行了组织，具体来说，针对单个页面的链接提取，组织成一个函数 getURLs()，其定义在第 4 行。这个函数没有输入参数，只需要像第 39 行一样，调用 getURLs()。在运行时，程序就会运行 getURLs()函数定义中的代码，并获得返回的 contentLinkList。函数的定义包括第 4～36 行。在结束函数定义之后，在第 39 行和第 40 行实现程序的主要逻辑，也就是先调用 getURLs()，将返回的 contentLinkList 记录在变量 cotentURLs 中。最后，将需要保存的新闻详情链接存入文件中。在这个程序里，将链接存入到 csv 文件中。

二、爬虫实现

基于前面程序实现的是在新闻列表界面中提取其中包含的新闻列表链接和新闻内容链接的功能，接下来将讨论如何管理这些链接的列表。回顾图 10－8 中的网络爬虫基本结构，对于两个链接的列表，可以先解析所有的新闻列表页面，将新闻内容链接列表收集好后，再依次处理新闻内容的链接。

基于这个逻辑，可以重新整理爬虫程序的逻辑：爬取新闻目录页面，网页内容爬取与网页内容提取这两个相对独立的过程，分别使用函数来进行定义。第一个函数 getURLs()接收一个种子 URL，将页面中的新闻内容链接，以及该页面链接的其他新闻列表中的新闻内容链接都爬取下来，形成一个新闻内容链接列表。而第二个函数 getContents()处理新闻内容链接列表，依次去采集其新闻内容。

图 10－16 展示了第一个函数 getURLs()的实现情况，其逻辑较为复杂。其中，第 12～35 行与之前的页面提取代码(完整版)程序是一样的，用于已经完成了的对单个新闻列表页面的信息收集。以这个基本的网页信息提取功能为基础，爬虫程序增加了对新闻目录页面的遍历，使得其不是采集单个页面的新闻内容链接，而是批量地进行链接的采集。在第 4 行，可以看到 getURLs()这个函数增加了一个输入参数，也就是用户使用这个功能需要提供一个 linkListURLs，即要进行遍历的目录页面的链接列表。这个列表其实就是爬虫程序的种子 URL。在第 6 行，定义了一个变量 i，用于记录程序对 linkListURLs 遍历到哪个位置。为了获得所有的新闻详情链接，因此，程序需要对“待爬取新闻列表链接” linkListURLs 中的所有链接都进行处理。这可以通过设置一个 while 循环来实现。由于种子“url”本身就是新闻列表页面，因此在第 8 行，程序直接使用 while 语句，将 i 与 linkListURLs 长度的对比，作为循环的判别条件。也就是，目标是遍历 linkListURLs 中的所有页面，如果进入一次循环，就在第 11 行进行处理，对 i 的计数器加 1。这里没有使用 for 循环，是由于程序在运行过程中会在 linkListURLs 里增加新提取的链接，这个列表的内容在循环过程中会动态增加。而 for 循环不适合对这

```
1  library(xml2)  #加载包
2  library(rvest)  #加载包
3  library(stringr)  #加载包
4  getURLs<-function(linkListURLs){
5    index = 0 #用于记录总共收集到的内容链接数量
6    i=1 #用于记录遍历linkListURLs的位置
7    contentLinkList <-c()
8    while(i <=length(linkListURLs) ){
9      print(length(linkListURLs))
10     url= linkListURLs[[i]]
11     i=i+1
12     site<-substring(url,1,str_locate_all(url,'/')[[1]][3]-1)
13     site2<-substring(url,1,str_locate_all(url,'/')[[1]][5])
14     webpage<-read_html(url,encoding="GB18030") #读取数据, 规定编码
15     textData <- html_text(webpage)
16     titleList<-webpage %>% html_nodes("ul.list_16.mt10 li a") %>% html_text()
17     links<-webpage %>% html_nodes("ul.list_16.mt10 li a")%>%html_attrs()
18     for (j in  1:length(titleList)){
19       index = index+1
20       if (str_detect(links[j][[1]], "html")&& (!is.na(links[j][[1]]))){
21         contentLinkList[index]<-links[j][[1]]
22         if (!str_detect(contentLinkList[index], "http")){
23           contentLinkList[index]<-str_c(site, contentLinkList[index])
24         }
25       }
26     }
27     contentLinkList<-contentLinkList[!duplicated(contentLinkList)]
28     pageLinks<-webpage %>% html_nodes("div.page_n.clearfix a")%>%html_attrs()
29     for(j in 1:length(pageLinks)){
30       if ((grepl(x=names(pageLinks[j][[1]]),pattern="href")&& (!str_detect(pageLinks[[j]][[1]], "http")
31         linkListURLs<-c(linkListURLs,str_c(site2, pageLinks[[j]][[1]]))
32       }
33     }
34     linkListURLs<-linkListURLs[!duplicated(linkListURLs)]
35     print(linkListURLs)
36   }
37   return (contentLinkList)
38 }
39
40 getContents<-function(contentURLs){
41   newsContents<-list()
42   index = 1
43
```

图 10 - 16　爬虫程序 getURLs()

样的列表进行迭代。考虑到需要对所有新闻列表链接进行处理，将 while 循环的终止条件设置为处理过的链接数量 i 与列表长度相等时。在这里，虽然没有设置一个已遍历列表，但是在这个列表的第 i 个元素之前的所有元素，形成了这个已遍历列表。每次循环中处理的“url”，在第 10 行中进行设置，以获得下一个待处理的页面的链接。在循环过程中，程序在处理完一个新闻列表链接之后，还需要将新增的新闻列表链接与新闻内容链接添加到对应列表中，这与之前直接形成当前页面的链接列表有所区别，特别需要注意 contentLinkList 与 linkListURLs 这两个变量。由于每个页面提取的新闻内容链接，都需要添加到“内容链接列表”contentLinkList 中，函数要返回的是爬虫爬取到的所有新闻内容链接。因此，contentLinkList 是在第 7 行，也就是循环未开始之前声明的。对于 linkListURLs，由于其是作为函数的输入，其一开始设定的是作为种子的 URL。在爬虫爬取过程中，在第 31 行里面，是将新爬取的新闻列表链接，添加到“待爬取列表链接”linkListURLs 中。也就是说，在循环过程中，爬虫不断增加待爬取的目录页面，直到下方链接的目录页都已经爬取完成。

图 10 - 17 展示的是爬虫程序的第二个函数 getContents()的代码，该函数用于处理新闻内容页面的信息提取。函数的输入参数 contentURLs 也就是所有待爬取的新闻内容页面的链接组成的列表。这个函数的逻辑比较简单，即通过使用循环的控制结构，访问所有的新闻内容链接，获取信息。

```
39
40 getContents<-function(contentURLs){
41   newsContents<-data.frame()
42   index = 1
43   for (url in contentURLs[,2]){
44     if(!is.na(url)){
45       webpage<-read_html(url,encoding="GB18030") #读取数据，规定编码
46       textData <- html_text(webpage)
47       title<-webpage %>% html_nodes("div.col.col-1.fl h1") %>% html_text()
48       content <-webpage %>% html_nodes("div.rm_txt_con.cf p") %>% html_text()
49       content <-paste(content,collapse='')
50       if(!length(title)==0 && (!is.na(title)) && (!is.na(content)) && (!is.null(
51         newsContents<-rbind(newsContents, c(url,title,content))
52         index = index +1
53       }
54     }
55   }
56   names(newsContents)<-c('url','title','content')
57   write.csv(newsContents, "newsContents.csv")
58 }
59
60 URLs<-list()
61 URLs[[1]]<-'http://society.people.com.cn/GB/86800/index.html'
62 URLs[[2]]<-'http://legal.people.com.cn/GB/205462/index.html'
63 contentURLs<-getURLs(URLs)
64 write.csv(contentURLs,"contentURl_20211004.csv")
65 #contentURLs<-read.csv("contentURl_20211004.csv")
66 #getContents(contentURLs)
67
```

图 10-17 爬虫程序 getContents()

函数中，第 41 行首先声明一个空列表 newsContents，用于存储从页面中提取的信息，每个新闻页面中提取的信息作为一列，这样就形成了爬取后的信息列表。index 作为计数的变量，在第 42 行进行初始化，并且循环中每次成功增加一个新闻详情的信息，就对其进行加 1。

第 43～55 行中，该程序使用了 for 结构来遍历 contentURLs 中所有的链接。在循环中，首先对链接是否为空做了合法性判别。作为示例，这里的检查并不完备，在实际的爬虫程序中，往往会对链接进行更细致的判断，也会在网页提取的过程中设置一些异常的处理。对每个页面中的信息提取，具体的分析过程与之前在新闻目录页面中提取链接的过程是类似的，使用 rvest 包中的 html_nodes()接口来获取。在这里，第 46～48 行分别提取了整个页面的文本、被提取新闻的标题和具体内容，分别存储在 textData、title 和 content 中。textData 在本程序中没有进行后续的存储，但是如果在爬取目标并不是非常确定并且样本量不是非常大的情况下，建议可以存一份页面的全部文本，作为备用。第 48 行提取的新闻具体内容，是包含在多个<p>元素中的，每一个段落是一个元素。因此，在第 49 行对得到的内容文本进行合并。进行 paste()操作时对 content 中包含的多段语句进行拼接，使得其变成一个字符串进行存储。在获取一个页面的信息之后，考虑到抓取的网页，有可能由于网页本身的错误，或者网络传输错误，不能正常获得新闻题目和内容，第 50 行对其进行合法性检查，包括看看标题和内容是否为空等，如果数据没有异常，就在第 51 行，将其作为

一列，添加进 newsContents 这个列表中。最后，退出循环之后，也就是完成了所有页面的数据采集后，第 56 行设置要存储的表的列名称，然后把存储了新闻的“url”、标题和内容的表格进行存储。

最后，我们写一个简单的主程序，先生成种子“url”列表作为 getURLs()的参数，获得新闻链接列表，记录在 contentURLs 变量中。接着将 contentURLs 作为参数，调用 getContents()函数去获取所有的新闻内容信息，并存入预先设定的文件路径。

前面介绍的两个函数，分别实现了爬虫程序的主要功能。在定义函数之后，需要在 R 语言中描写程序的主要逻辑。图 10－18 展示的是爬虫程序的总体结构。在第 60～66 行，爬虫程序先设定了种子 URLs，在第 60 行声明了一个空白的列表，然后在第 61 行和第 62 行设置了两个 URLs 作为种子 URL。实际上，最简单的情况是种子 URL 只有一个的情况。在第一次运行的时候，可以把第 62 行先删掉，等确认程序运行正常后再继续添加。必须注意的是，种子 URL 需要满足一样遍历规则的，即使是在同一个网站下，甚至同一个版块下，也需要人工再去确认。接着，程序在第 63 行以设置好的 URLs 列表为输入参数，调用 getURLs()操作，返回了新闻详情页面的链接列表，存储在 contentURLs 中。最后再以 contentURLs 为输入参数，调用 getContents()操作，获得了新闻详情。

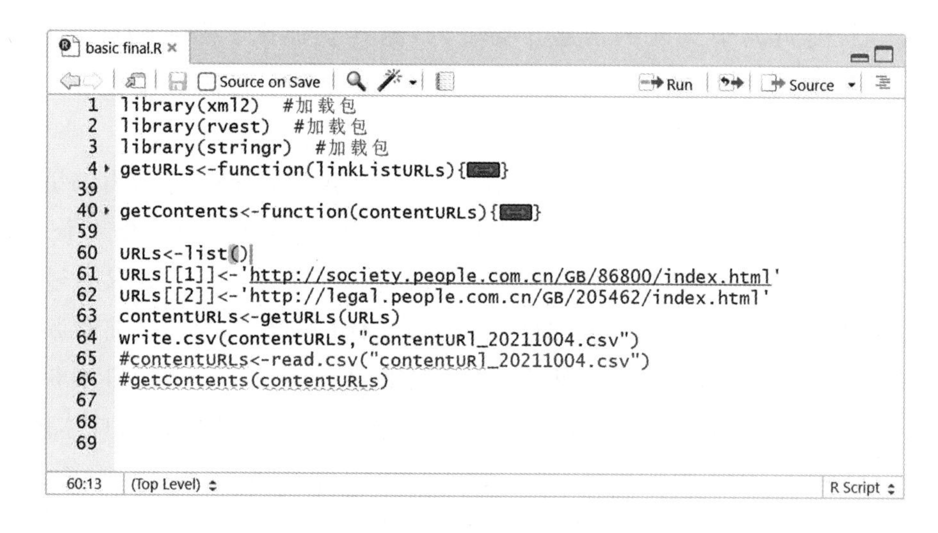

图 10－18　爬虫程序总体结构

需要注意的是，其中程序第 63 行和第 64 行是并没有改变爬虫程序的逻辑，只是在中间增加了对数据的备份。爬虫程序在爬取页面的过程中，要处理的异常情况非常多，因此在调试爬虫程序时要注意将收集到的中间数据输出，进行检查。爬虫程序采集的数据一般量比较大，在爬取的过程中，要注意保存中间结果。这里将第一步获取的新闻链接列表进行存储，如果程序中的第二个函数在运行时有错误，就可以不重复第一个步骤，减少爬虫爬取网站服务器的压力。而另一方面，存储了所有新闻内容页面的链接，也方便校对爬取结果是否正确。

这样，可以通过分段来运行这个程序。首先，先运行获取新闻内容链接的部分。可以看到，运行之后生成了文件“contentURl_20211004.csv”。为了检查这些链接是否正确，可以打开链接看看是否是刚才设置为种子 URL 里面包含的新闻内容链接，是否与存储下来的一致。比如，http://society.people.com.cn/n1/2021/1004/c1008-32245513.html 这个链接，使用浏览器查看的时候，可以看到其标题为“建设知识产权强国 推动司法保护走向专业化”。而第一个种子 URL 为人民网社会·法治版块的“本网原创”栏目，里面的第一条新闻内容与这个新闻是一样的。通过随机检查若干条新闻链接，可以确定这些链接属于种子 URL 的新闻版块中的内容。

接着，再看一下爬虫程序是否完整地采集了新闻列表。打开人民网社会·法治版块的“本网原创”栏目，点击第 7 页，接着点击第 11 页，再点击第 15 页，以及最后一页第 17 页。同样，打开爬虫列表里面的第二个种子 URL，是社会·法治版块所属的栏目，可以查看到也是 17 个列表页面。每个页面包含 30 个新闻条目，那么估计是每个种子栏目有 540 条新闻。但是，我们实际采集到的是 840 条新闻，比预估的少。再打开两个版面进行比较，发现两个版面的新闻有一些重复，因此这个数量的减少是合理的。

最后，取掉对第 65～66 行程序的屏蔽，重新运行。因为前面我们已经采集了新闻内容链接列表，我们只需要从文件中读取新闻内容链接列表，然后调用 getContents()函数，去获取新闻详情。getContents()函数中，我们已经设置了将新闻详细内容存储到 contentURL20211004.csv 文件中。等爬虫完成爬取之后，我们查看爬取到的新闻详情信息，可以将其与网页上的新闻进行比对，看其是否正确。

这个章节给大家介绍了一个使用 R 语言实现爬虫的实例，是一个简化的版本。在具体的爬虫实现中，要考虑更多异常状况的处理；对采集到的数据，要进行分批存储，设置存储更多中间结果，使得爬虫程序的容错性和效率更高。

第十一章 数据预处理与分析

数据收集可以有多种方式。在针对一个话题进行研究，或者组织一个数据新闻的资料时，可能需要接触多种来源的数据。这些数据可能是各类政府机构和企事业单位发布的公开的数据集，也可能是使用网络爬虫获取的数据，还可能是通过问卷调查或者访谈人工收集的数据。除了权威机构发布的标准数据集，对大部分数据，经常需要进行数据预处理，之后再对其进行数据分析。

第一节　数据预处理的目标

在数据收集过程中，由于数据采集来源、采集过程和采集集成过程的不同，可能会导致不同的数据质量问题，比如：用于采集公共汽车运行过程的位置信息的物联网设备，在公共汽车运行的过程中，可能由于信号不稳定导致采集了错误的位置信息；调研人员访问用户得到的信息，可能包含了部分虚假的信息。在采集过程中，人工输入的信息，可能由于输入人员的疏忽造成错别字或者数值错误。对于非单一数据来源的数据，比如教师管理系统中包含了教师的科研情况和教学情况，个人医疗信息可能包含在不同医院进行体检登记的基本信息和体检记录，这些来自不同数据源的数据汇总在一起，可能存在数据有重复、数据单位不一致，或者同一信息不一致等问题。数据收集过程的各种客观或者人为因素可能引起一系列问题，而在数据传输过程中也可能由于网络故障而导致数据丢失、出现错误等情况，这使得我们在使用数据之前，需要对数据先进行预处理。在很多情况下，预处理质量的高低决定着分析结果的优劣。

常见的数据问题可以分为不准确、不完整和不一致三种。

1. 不准确问题

不准确问题指的是数据与实际值之间存在偏差、存在错误或者偏离期望的值。比较明显的不准确问题，比如对人员年龄信息的记录为“好”或者为“250”，表现为数据处理中的噪声点，是预处理能够发现和修正的。而大部分的数据不准确问题，比如提供记录环境温度的人员将温度27度写成了25度，是无法在预处理中发现的。

2. 不完整问题

不完整问题指的是数据中的关键信息缺失。在数据中可能包含多个属性，通常并不是所有属性都是必需的。比如学生相关信息的记录中，名字和学号是肯定包含的信息，但是选课信息可能不是必需的，大一学生刚刚进入学校的时候是没有选课记录的。丢失必需的信息，会使得有些分析无法进行。

3. 不一致问题

不一致问题指的是数据中对于同一个属性有不同的记录。那么，数据中首先存在信息重复或者冗余的现象，对同一个属性有多个记录，并且这同一个属性的冗余记录中信息并不一样。常见的不一致可能是由于采用了不同的单位，比如1.8米和180厘米的身高信息，其记录内容是一样的，但是从数据上看是不一样的。另一种数据不一致是由于其中一个或者两个数据是不准确的，比如在不同年份记录的同一个人的年龄信息。更复杂的数据不一致问题，是通过其他属性与这个数据属性之间存在相关性的情况推断而来的。比如，汽车的位置信息是变动的，但是在这个过程中汽车的发动机显示没有启动，那么这两个相关的数据中有一个数据必定是错误的。

第二节　数据预处理实例

本小节以一个具体的数据集为例，来介绍数据预处理的基本流程，以及如何处理上节提到的三种问题。该例子使用的数据集是泰坦尼克号上乘客信息的数据，是一份来自平台 Kaggle 的公开数据。

一、了解数据

预处理的第一个步骤是需要先对数据做一个基本的了解，明白数据行和列上记录的信息的含义，面向问题域去确定究竟哪些数据需要进行额外的处理。

打开例子中泰坦尼克号上乘客的数据文件，可以看到这个文件中包含了 891 条乘客信息，数据一共有 12 列，也就是说，每位乘客的数据记录包含 12 个属性。

具体属性情况如表 11－1 所示。属性 Passenger Id 表示乘客 ID；属性 Survival 表示乘客是否存活，其中 0＝No 表示没有存活，1＝Yes 表示存活；属性 Pclass 表示客舱等级；属性 Sex 表示乘客性别；属性 Name 表示乘客姓名；属性 Age 表示乘客年龄；属性 Sibsp 表示在船上有几个兄弟/配偶；属性 Parch 表示在船上有几个双亲/孩子；属性 Ticket 表示票编号；属性 Fare 表示票价；属性 Cabin 表示客舱号码；属性 Embarked 表示登船港口。

表 11-1 泰坦尼克号乘客数据属性列表

参数名	含义
Passenger Id	乘客 ID
Survival	存活,0=No,1=Yes
Pclass	客舱等级
Sex	乘客性别
Name	乘客姓名
Age	乘客年龄
Sibsp	在船上有几个兄弟/配偶
Parch	在船上有几个双亲/孩子
Ticket	票编号
Fare	票价
Cabin	客舱号码
Embarked	登船港口

了解了这些属性的数量和代表的含义,可以进一步仔细查看数据,主要是看数据各个属性上的取值如何、数据质量如何等。通常可以将数据集从行和列的维度分别先做一个基本的统计。查看列数据时,因为每一列的数据对应的是一个属性,如果一个属性中存在大量缺失值,那么就无法对这个属性进行分析,应该先做删除。比如,如果乘客信息中,乘客年龄不是必填属性,假设存在大量乘客年龄为空,可能就无法分析了。在此基础上,通常可以参考数据的一些常用的统计量,来对数据有一个直观的了解。

在 R 语言中有多个常用的数据处理包。在例子中,使用了 psych 包。具体的使用说明,可以在网站 http://personality-project.org/r/psych/上了解更多具体的介绍。

图 11-1 展示了针对数据简单查看代码的例子。程序第 1 行首先导入 psych 包,因为后续需要使用这个包提供的功能来进行数据分析。接着第 2 行代码导入泰坦尼克号乘客数据,使用的是 read.csv()这个功能。该函数支持使用相对路径和绝对路径去查找文件。在这里,使用的相对路径指的是存储在“data analysis”文件夹中名称为“train.csv”的文件。第 3 行输出读到的文件以确认内容有没有错误。第 4 行和第 5 行分别输出的是使用 summary()和 describe()的函数检查数据后得到的结果,它们都是对数值型属性进行的统计分析。summary()函数分析数据中的最大值、最小值、四分位数、平均值,以及缺失值的数量;describe()函数可以计算非缺失值的数量、平均数、标准差、中位数、截尾均值、绝对中位差、最小值、最大值、值域、偏度、峰度和平均值的标准误。

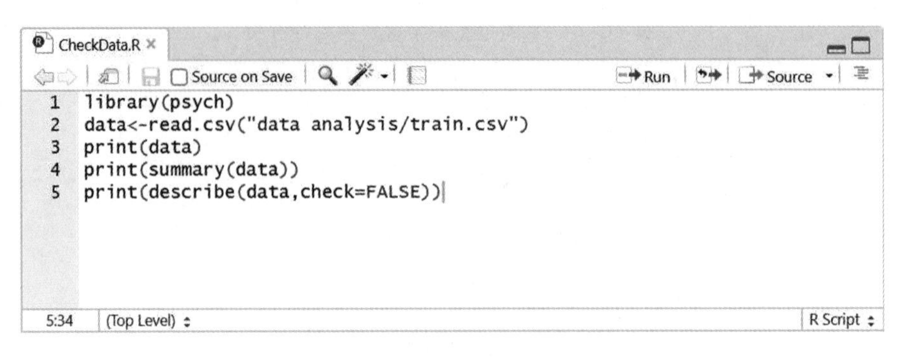

图 11-1 查看数据代码的例子

使用 summary()函数查看票价数据集，并使用 describe()函数查看泰坦尼克号乘客数据集。图 11-2 展示的是使用 summary()函数的分析的部分结果，从对于票价信息的输出结果，可以看到票价的分布情况。需要注意的是，非数值的数据，比如名字，是无法进行数值统计的，所以没有对应的输出。图 11-3 显示的是 describe()函数的分析结果。

```
     Fare
Min.   :  0.00
1st Qu.:  7.91
Median : 14.45
Mean   : 32.20
3rd Qu.: 31.00
Max.   :512.33
```

11-2 分析结果实例 summary()

```
> print(describe(data,check=FALSE))
Converted non-numeric matrix input to numeric.  Are you sure you wanted to do this. Please check your data
            vars   n      mean        sd    median  trimmed       mad
PassengerId*   1 891    446.00    257.35    446.00    446.00    330.62
Survived*      2 891      0.38      0.49      0.00      0.35      0.00
Pclass*        3 891      2.31      0.84      3.00      2.39      0.00
Name*          4 891       NaN        NA        NA       NaN        NA
Sex*           5 891       NaN        NA        NA       NaN        NA
Age*           6 714     29.70     14.53     28.00     29.27     13.34
SibSp*         7 891      0.52      1.10      0.00      0.27      0.00
Parch*         8 891      0.38      0.81      0.00      0.18      0.00
Ticket*        9 891 260318.55 471609.27 236171.00 195682.95 185104.09
Fare*         10 891     32.20     49.69     14.45     21.38     10.24
Cabin*        11 891       NaN        NA        NA       NaN        NA
Embarked*     12 891       NaN        NA        NA       NaN        NA
                min        max      range  skew kurtosis       se
PassengerId*   1.00     891.00     890.00  0.00    -1.20     8.62
Survived*      0.00       1.00       1.00  0.48    -1.77     0.02
Pclass*        1.00       3.00       2.00 -0.63    -1.28     0.03
Name*           Inf       -Inf       -Inf    NA       NA       NA
Sex*            Inf       -Inf       -Inf    NA       NA       NA
Age*           0.42      80.00      79.58  0.39     0.16     0.54
SibSp*         0.00       8.00       8.00  3.68    17.73     0.04
Parch*         0.00       6.00       6.00  2.74     9.69     0.03
Ticket*      693.00 3101298.00 3100605.00  5.24    28.90 15799.50
Fare*          0.00     512.33     512.33  4.77    33.12     1.66
Cabin*          Inf       -Inf       -Inf    NA       NA       NA
Embarked*       Inf       -Inf       -Inf    NA       NA       NA
```

图 11-3 分析结果实例 describe()

从数据整体的基本统计信息中，可以对数据质量进行一个基本的判断，可以看到，里面数据缺失的情况不严重，只有乘客年龄(Age)这一属性中缺失的较多。依次检查具体的每个属性值的情况，可以看到，存活情况(Survived)这一项，取值是最低为0，最高为1，符合之前介绍的数据记录方式，平均数为0.38，代表着存活率是38%。检查乘客年龄这一属性，可以看到其取值最低为0.42岁，最高为80岁，平均为29.7岁，中位数为28岁。考虑到船上有大量的工作人员，应该是比较年轻的，这个数据虽然有缺失，但是数据质量没有存在明显的问题。

经过了这个简单的检查步骤，可以考虑做出数据筛选。如果遇到一些质量很差的数据属性，对于数据分析没有贡献，而且可能会影响分析结果的正确性，可以在数据预处理的第一个步骤，对其先做第一轮的筛选。在这个步骤，依次检查每一列数据的统计结果，同时可以打开原始数据，配合一起进行检查，做出判断。在这个例子里，我们没有发现质量存在很大问题的数据，因此不做数据的筛选。

二、数据缺失处理

在查看数据的过程中，根据数据统计的情况，乘客年龄(Age)数据有存在缺失的问题。这是数据处理中经常遇到的问题。

考虑到后续的数据分析方法，通常是无法对缺失数据进行分析的，因此在数据预处理中要尽量补全数据，为缺失数据项填入一个数据，使得经过补充后的数据成为一个可用的数据样本。

数据缺失处理的目标，是希望通过填充之后能够保留更多的样本，而同时填充的数据不会影响数据分析结果的正确性。数据填充有很多策略，常用的包括以下几种。

(1)特殊值填充法。这是统一采用一个特殊的值来进行填充。常见的填充值包括空值“NULL”或者“NAN”，或者选取一个该属性正常情况下不会出现的取值，比如长度属性取值“－1”。这种填充法，相当于为这个属性的取值设置了一个模糊值，使得数据完整了。一般情况下，在处理非数值型的缺失值时，比如要填写一个标签，这个标签是一个单词，而单词太长，只能采用一个特定的模糊值来填充。

(2)平均值或中位数填充法。常见的处理方式是使用属性的平均值或中位数进行填充。具体地，对于数值类型的属性，如果缺失值的数量不多，可以将非空的属性值进行统计，获取其平均值和中位数，填入缺失值。使用这种方法，要考虑平均值和中位数的适用性，比如：对于人员收入，使用中位数；对于学生身高，使用平均值和中位数都可以。如果空值是非数值型的，就要根据统计学中的众数原理，用该属性在其他所有对象中的取值次数最多的值，即出现频率最高的值来补齐该缺失的属性值。

显然在很多情况下，所有样本的平均值或中位数，未必是最适合的填充值，可以使用很多方法尝试去寻找最可能的值来填充缺失值。在一条数据中，通常其多个属性并非完全独立，因此可以利用数据在其他非缺失属性取值分布上的特点来为缺失值选取一个更接近其真实值的取值。

(3)条件平均值填充法。该方法并不是从数据集的所有数据项中去对这个属性求平均值，而是对每个包含A属性缺失值的数据，根据其非缺失值的情况，找到与这个数据具有相同属性值的其他数据，再去求它们在属性A上的平均值。例如，在学生信息列表中，对于缺失身高属性的学生，选取全体学生身高的平均值或者中位数进行填充，是基本合理的。但是，如果对缺失身高属性的女生，选取全体女生的身高平均值进行填充，比全体学生身高平均值进行填充，会更接近真实值。这种填充法的前提是数据的属性之间是存在依赖的，比如男女生的身高分布区间是有显著差异的；而如果缺失的属性值是年龄，那么使用全体女生的平均年龄和使用全体学生的平均年龄来填补缺失值，其效果可能区别不大。

(4)K近邻算法。这种方法和条件平均值填充法其实非常相似，其原理都是去找到与当前样本较为接近的若干个样本，使用这些样本在该属性上的取值来猜测缺失值。K近邻算法根据欧式距离或相关分析，以这个当前缺失数据样本为圆心，去找到距离最近的K个样本，将这K个样本在缺失属性A上的值进行加权，取得加权平均值，来估计该样本的缺失数据。

(5)热卡填充法。该方法是在完整数据中找到一个与当前包含缺失值数据最相似的数据，然后用这个相似对象在缺失属性上的取值来进行填充。可以认为，热卡填充法是K近邻算法的一种特例。

接下来，还是以泰坦尼克号乘客的数据为例，来看一下如何补齐全乘客年龄(Age)属性。考虑到条件平均值填充法填充法较为精确，在本例中采用该方法进行填充。

使用条件平均值填充法，首先要确定数据中其他属性的取值，是否会对年龄的取值有影响。根据常识，可以先排除乘客姓名(Name)和乘客ID(Passenger Id)这两个属性。对于其他属性，如果无法直接知道它们是否会影响年龄，那么可以用这个属性上取值的不同去划分数据集，再统计这些子数据集上的乘客年龄分布上有没有特点。数据分析的程序如图11-4所示，第6～13行都是分析不同属性的取值是否会影响年龄的值。

```
1  library(psych)
2  data<-read.csv("data analysis/train.csv")
3  print(data)
4  print(summary(data))
5  print(describe(data,check=FALSE))
6  print(describeBy(data[,c('Age','Pclass')],group='Pclass'))
7  print(describeBy(data[,c('Age','Survived')],group='Survived'))
8  print(describeBy(data[,c('Age','Sex')],group='Sex'))
9  print(describeBy(data[,c('Age','SibSp')],group='SibSp'))
10 print(describeBy(data[,c('Age','Cabin')],group='Cabin'))
11 print(describeBy(data[,c('Age','Embarked')],group='Embarked'))
12 print(describeBy(data[,c('Age','Parch')],group='Parch'))
13 print(describeBy(data[,c('Age','Fare')],group='Fare'))
```

图 11-4 分析代码

具体来说，比如先选取了客舱等级(Pclass)这个属性，再看住在不同客舱等级的乘客年龄分布的不同。该属性的取值可以分别为1、2、3，那么就可以分别观察住在一等舱、二等舱和三等舱人员年龄的平均值。程序的第6行使用psych包中的describeBy()函数来查看，其使用方法与函数describe()类似，但是其增加了group这个参数，用来确定使用哪些属性来划分数据集。这句代码中，是选取了Age和Pclass这两列，然后根据Pclass属性的三个取值，将数据集划分为三个不同的子集。具体来说，通过使用Pclass属性划分了数据集之后，结果如图11-5所示。可以看到，一等舱、二等舱和三等舱的人数分别为186、173和355人，平均年龄分别为38.23、29.88和25.14岁，而年龄中位数分别为37、29和24岁。这是由于处在不同年龄段的乘客的支付能力有所不同造成的。那么，对于一个年龄数据缺失的乘客，根据他所乘坐的客舱等级来猜测他的年龄，应该会比较准确一些。

```
 Descriptive statistics by group
Pclass: 1
       vars   n  mean   sd median trimmed   mad  min max range skew kurtosis   se
Age       1 186 38.23 14.8     37   37.98 16.31 0.92  80 79.08 0.12    -0.41 1.09
Pclass    2 216  1.00  0.0      1    1.00  0.00 1.00   1  0.00  NaN      NaN 0.00
--------------------------------------------------------------------------------------
Pclass: 2
       vars   n  mean sd median trimmed   mad  min max range skew kurtosis   se
Age       1 173 29.88 14     29   29.87 10.38 0.67  70 69.33 0.13     0.17 1.06
Pclass    2 184  2.00  0      2    2.00  0.00 2.00   2  0.00  NaN      NaN 0.00
--------------------------------------------------------------------------------------
Pclass: 3
       vars   n  mean   sd median trimmed   mad  min max range skew kurtosis   se
Age       1 355 25.14 12.5     24   24.84 10.38 0.42  74 73.58 0.48     0.94 0.66
Pclass    2 491  3.00  0.0      3    3.00  0.00 3.00   3  0.00  NaN      NaN 0.00
```

图 11-5 运行结果:乘客年龄与客舱等级的关系

对所有数值类型的属性，都可以采用这种方法去观察它与年龄之间的关系。比如，利用程序第 7 行来查看乘客年龄与存活率之间的关系，其运行结果如图 11－6 所示。可以看到，没有存活的乘客的平均年龄是 30.63 岁，而存活的乘客平均年龄是 28.34 岁，但是两者的中位数都是 28 岁，也就是说，这里没有明显的差别，那么可以不选取这个属性来作为参考。

```
 Descriptive statistics by group
Survived: 0
         vars   n  mean    sd median trimmed   mad min max range skew kurtosis   se
Age         1 424 30.63 14.17     28   29.76 11.86   1  74    73 0.58     0.25 0.69
Survived    2 549  0.00  0.00      0    0.00  0.00   0   0     0  NaN      NaN 0.00
------------------------------------------------------------------------------------
Survived: 1
         vars   n  mean    sd median trimmed   mad  min max range skew kurtosis   se
Age         1 290 28.34 14.95     28   28.18 13.34 0.42  80 79.58 0.18     -0.1 0.88
Survived    2 342  1.00  0.00      1    1.00  0.00 1.00   1  0.00  NaN      NaN 0.00
```

图 11－6　运行结果：乘客年龄与存活率的关系

程序第 8 行查看乘客年龄与性别的关系，可以看到男性乘客的年龄比女性乘客大，如图 11－7 所示。程序第 9 行和第 12 行分析的是在船上的家庭成员个数，也就是“在船上有几个兄弟/配偶”和“在船上有几个双亲/孩子”这两个属性，是否会影响年龄的分布。程序第 9 行检查年龄与兄弟/配偶个数的关系。从图 11－8 的结果可以看到，有多名兄弟的乘客中，多于等于两个兄弟的乘客的年龄都比较小，多为 20 岁左右或十几岁；程序第 12 行查看年龄与双亲/孩子个数的关系，从图 11－9 的结果可以看到，跟着 1～2 名双亲/孩子的乘客，其年龄偏低，包括超过跟着 4 名双亲/孩子的乘客，年龄都是大于 40 岁的。但是在这里，要注意到，划分的数据集中，有部分数据集中的数据量是非常少的：比如兄弟/配偶个数为 3、4、5、8 的人群，其数量非常少；双亲/孩子个数为 3、4、5、6 的人群，其数量也非常少。因为数量非常少，比如总共是 5 个，那么这类样本平均值的代表性就会不足。因此，在此例子中，就没有使用这两个属性去作为填充的条件。

```
 Descriptive statistics by group
Sex*: 1
     vars   n  mean    sd median trimmed   mad  min max range skew kurtosis   se
Sex*    1 314  1.00  0.00      1    1.00  0.00 1.00   1  0.00  NaN      NaN 0.00
Age     2 261 27.92 14.11     27   27.68 13.34 0.75  63 62.25  0.2    -0.37 0.87
------------------------------------------------------------------------------------
Sex*: 2
     vars   n  mean    sd median trimmed   mad  min max range skew kurtosis   se
Sex*    1 577  2.00  0.00      2     2.0  0.00 2.00   2  0.00  NaN      NaN 0.00
Age     2 453 30.73 14.68     29    30.1 11.86 0.42  80 79.58 0.47     0.32 0.69
Session restored from your saved work on 2023-Sep-19 07:15:37 UTC (6 minutes ago)
```

图 11－7　运行结果：乘客年龄与乘客性别的关系

```
 Descriptive statistics by group
SibSp: 0
      vars   n mean    sd median trimmed   mad  min max range skew kurtosis   se
Age      1 471 31.4 13.65     29   30.29 11.86 0.42  80 79.58  0.7     0.49 0.63
SibSp    2 608  0.0  0.00      0    0.00  0.00 0.00   0  0.00  NaN      NaN 0.00
---------------------------------------------------------------------------------------------
SibSp: 1
      vars   n  mean    sd median trimmed   mad  min max range  skew kurtosis   se
Age      1 183 30.09 14.65     30   30.29 14.83 0.67  70 69.33 -0.01    -0.28 1.08
SibSp    2 209  1.00  0.00      1    1.00  0.00 1.00   1  0.00   NaN      NaN 0.00
---------------------------------------------------------------------------------------------
SibSp: 2
      vars  n  mean    sd median trimmed   mad  min max range skew kurtosis   se
Age      1 25 22.62 14.68     23   21.95 10.38 0.75  53 52.25 0.29    -0.66 2.94
SibSp    2 28  2.00  0.00      2    2.00  0.00 2.00   2  0.00  NaN      NaN 0.00
---------------------------------------------------------------------------------------------
SibSp: 3
      vars  n  mean    sd median trimmed   mad min max range skew kurtosis   se
Age      1 12 13.92 11.32    9.5    13.2 11.12   2  33    31  0.4    -1.56 3.27
SibSp    2 16  3.00  0.00    3.0     3.0  0.00   3   3     0  NaN      NaN 0.00
---------------------------------------------------------------------------------------------
SibSp: 4
      vars  n mean   sd median trimmed  mad min max range skew kurtosis   se
Age      1 18 7.06 4.88    6.5    6.81 4.45   1  17    16 0.65    -0.79 1.15
SibSp    2 18 4.00 0.00    4.0    4.00 0.00   4   4     0  NaN      NaN 0.00
---------------------------------------------------------------------------------------------
SibSp: 5
      vars n mean   sd median trimmed  mad min max range  skew kurtosis  se
Age      1 5 10.2 5.81     11    10.2 4.45   1  16    15 -0.54     -1.5 2.6
SibSp    2 5  5.0 0.00      5     5.0 0.00   5   5     0   NaN      NaN 0.0
---------------------------------------------------------------------------------------------
SibSp: 8
      vars n mean sd median trimmed mad min  max range skew kurtosis se
Age      1 0  NaN NA     NA     NaN  NA Inf -Inf  -Inf   NA       NA NA
SibSp    2 7    8  0      8       8   0   8    8     0  NaN      NaN  0
```

图 11-8 运行结果:乘客年龄与兄弟/配偶个数的关系

```
 Descriptive statistics by group
Parch: 0
      vars   n  mean    sd median trimmed   mad min max range skew kurtosis   se
Age      1 521 32.18 12.57     30   30.84 11.86   5  80    75 0.94     0.55 0.55
Parch    2 678  0.00  0.00      0    0.00  0.00   0   0     0  NaN      NaN 0.00
---------------------------------------------------------------------------------------------
Parch: 1
      vars   n  mean    sd median trimmed   mad  min max range skew kurtosis   se
Age      1 110 24.42 18.28     23   23.25 23.72 0.42  70 69.58 0.35    -0.95 1.74
Parch    2 118  1.00  0.00      1    1.00  0.00 1.00   1  0.00  NaN      NaN 0.00
---------------------------------------------------------------------------------------------
Parch: 2
      vars  n  mean    sd median trimmed   mad  min max range skew kurtosis  se
Age      1 68 17.22 13.19   16.5   16.16 14.08 0.83  58 57.17 0.71    -0.07 1.6
Parch    2 80  2.00  0.00    2.0    2.00  0.00 2.00   2  0.00  NaN      NaN 0.0
---------------------------------------------------------------------------------------------
Parch: 3
      vars n mean    sd median trimmed   mad min max range skew kurtosis   se
Age      1 5 33.2 16.71     24    33.2 11.86  16  54    38 0.24    -2.14 7.47
Parch    2 5  3.0  0.00      3     3.0  0.00   3   3     0  NaN      NaN 0.00
---------------------------------------------------------------------------------------------
Parch: 4
      vars n mean    sd median trimmed   mad min max range skew kurtosis   se
Age      1 4 44.5 14.62   42.5    44.5 11.86  29  64    35 0.29    -1.89 7.31
Parch    2 4  4.0  0.00    4.0     4.0  0.00   4   4     0  NaN      NaN 0.00
---------------------------------------------------------------------------------------------
Parch: 5
      vars n mean  sd median trimmed mad min max range skew kurtosis   se
Age      1 5 39.2 1.1     39    39.2   0  38  41     3 0.62    -1.25 0.49
Parch    2 5  5.0 0.0      5     5.0   0   5   5     0  NaN      NaN 0.00
---------------------------------------------------------------------------------------------
Parch: 6
      vars n mean sd median trimmed mad min max range skew kurtosis se
Age      1 1   43 NA     43      43   0  43  43     0   NA       NA NA
Parch    2 1    6 NA      6       6   0   6   6     0   NA       NA NA
```

图 11-9 运行结果:乘客年龄与双亲/孩子个数的关系

选择用客舱号码和票价去分析，其结果无法使用，是因为客舱号码和票价的类别很多。虽然票价受船舱等级影响，但是因为非常接近的价格也会被认为是两个价格类别，所以类别太多不适合去进行这样的统计。

经过分析，最终选取两个相关性比较高的属性——客舱等级和性别来作为条件。也就是说，当一个数据中的年龄属性缺失时，就去寻找与其所处客舱等级和性别都一样的数据集合，将其平均数作为填充值。可以使用 groupby()这个函数预先得出，使用这两个条件分类之后的数据对应的年龄平均值，如图11－10所示。

```
Descriptive statistics by group
Pclass: 1
Sex: female
       vars  n  mean    sd median trimmed   mad min max range skew kurtosis   se
Age       1 85 34.61 13.61     35    34.2 16.31   2  63    61 0.17     -0.8 1.48
Pclass    2 94  1.00  0.00      1     1.0  0.00   1   1     0  NaN      NaN 0.00
Sex*      3 94  1.00  0.00      1     1.0  0.00   1   1     0  NaN      NaN 0.00
---------------------------------------------------------------------------------
Pclass: 2
Sex: female
       vars  n  mean    sd median trimmed   mad min max range  skew kurtosis  se
Age       1 74 28.72 12.87     28   28.84 10.38   2  57    55 -0.05    -0.29 1.5
Pclass    2 76  2.00  0.00      2    2.00  0.00   2   2     0   NaN      NaN 0.0
Sex*      3 76  1.00  0.00      1    1.00  0.00   1   1     0   NaN      NaN 0.0
---------------------------------------------------------------------------------
Pclass: 3
Sex: female
       vars   n  mean    sd median trimmed   mad  min max range skew kurtosis   se
Age       1 102 21.75 12.73   21.5   21.24 11.12 0.75  63 62.25 0.38    -0.01 1.26
Pclass    2 144  3.00  0.00    3.0    3.00  0.00 3.00   3  0.00  NaN      NaN 0.00
Sex*      3 144  1.00  0.00    1.0    1.00  0.00 1.00   1  0.00  NaN      NaN 0.00
---------------------------------------------------------------------------------
Pclass: 1
Sex: male
       vars   n  mean    sd median trimmed   mad  min max range  skew kurtosis   se
Age       1 101 41.28 15.14     40   41.24 16.31 0.92  80 79.08 -0.02    -0.21 1.51
Pclass    2 122  1.00  0.00      1    1.00  0.00 1.00   1  0.00   NaN      NaN 0.00
Sex*      3 122  1.00  0.00      1    1.00  0.00 1.00   1  0.00   NaN      NaN 0.00
---------------------------------------------------------------------------------
Pclass: 2
Sex: male
       vars   n  mean    sd median trimmed   mad  min max range skew kurtosis   se
Age       1  99 30.74 14.79     30    30.7 10.38 0.67  70 69.33 0.18     0.19 1.49
Pclass    2 108  2.00  0.00      2     2.0  0.00 2.00   2  0.00  NaN      NaN 0.00
Sex*      3 108  1.00  0.00      1     1.0  0.00 1.00   1  0.00  NaN      NaN 0.00
---------------------------------------------------------------------------------
Pclass: 3
Sex: male
       vars   n  mean    sd median trimmed   mad  min max range skew kurtosis   se
Age       1 253 26.51 12.16     25   26.14 10.38 0.42  74 73.58 0.59     1.37 0.76
Pclass    2 347  3.00  0.00      3    3.00  0.00 3.00   3  0.00  NaN      NaN 0.00
Sex*      3 347  1.00  0.00      1    1.00  0.00 1.00   1  0.00  NaN      NaN 0.00
```

图 11－10　运行结果：乘客年龄与客舱等级和性别的关系

查看这个结果的时候，除了查看分组之后统计的平均值是否有区别，还需要关注一下样本的分布情况。可以看到，一等舱、二等舱和三等舱的女性乘客的平均年龄分别是 34.61、28.72、21.75 岁；一等舱、二等舱和三等舱的男性乘客的平均年龄分别是 41.28、30.74 和 26.51 岁。可以看到年龄的分布在这些分组中是有区别的。

接着，可以看到每个类别里面虽然数据样本的数量有些区别，即有几十到两三百的不同数量。每种样本有几十个，基本能够保证按照这些条件划分之后的类别，所统计的年龄平均值是有意义的，可以用来做缺失值填充。

基于这些分析的结果，使用 R 语言编写如图 11-11 的程序来对数据进行填充。在程序的开始和结束部分，第 2 行和第 14 行分别从已有文件读取的数据和将补全了年龄后的数据存入一个新的文件中。程序第 3 行到第 13 行是一个遍历结构，使用了 for 结构，轮流处理数据中的乘客年龄(Age)属性。第 4 行程序判断年龄属性是否为空，如果不是为空，就不用进行后续的补全程序。第 5 行程序输出这个年龄为空的数据项。第 6 行和第 7 行分别获取了乘客性别(Sex)性别和客舱等级(Pclass)，并将其存储在对应的变量里。接着，程序第 8～10 行使用乘客性别和客舱等级这两个限制条件，去找到符合条件的样本，求其平均值，并把平均值赋给当前缺失的年龄值。在这里，同时对这三个属性是否为空值做了检查，要求没有缺失值的数据样本，才纳入参考的范围。程序第 11 行在数据进行修改后输出了补全年龄后的数据。

```
1   library(psych)
2   data<-read.csv("data analysis/train.csv")
3 - for( i in 1:length(data$Age)){
4 -   if(is.na(data$Age[i])){
5       print(data[i,])
6       sex=data$Sex[i]
7       pclass=data$Pclass[i]
8       data$Age[i]=mean(data$Age[!is.na(data$Sex)&data$Sex==sex &
9                              !is.na(data$Pclass)& data$Pclass==pclass&
10                             !is.na(data$Age)])
11      print(data[i,])
12 -  }
13 - }
14  write.csv(data,"data analysis/trainv2.csv")
15
```

图 11-11 补全乘客年龄程序

图 11-12 展示了部分输出，可以看到补全的情况。比如第一条年龄值缺失的数据是数据集中第 6 个数据，程序为三等舱的男性乘客对应补充了 26.50759 这个数据，这与刚才分析得到的 26.51 可以为是同一个数据，只是由于数据精度不同造成了区别。当然，程序存储了补全后的文件，也可以通过对比两个文件去校验是否正确补充了缺失值。

```
  PassengerId Survived Pclass            Name  Sex Age SibSp Parch Ticket   Fare Cabin Embarked
6           6        0      3 Moran, Mr. James male  NA     0     0 330877 8.4583              Q
  PassengerId Survived Pclass            Name  Sex      Age SibSp Parch Ticket   Fare Cabin Embarked
6           6        0      3 Moran, Mr. James male 26.50759     0     0 330877 8.4583              Q
   PassengerId Survived Pclass                          Name  Sex Age SibSp Parch Ticket Fare Cabin Embarked
18          18        1      2 Williams, Mr. Charles Eugene male  NA     0     0 244373   13              S
   PassengerId Survived Pclass                          Name  Sex      Age SibSp Parch Ticket Fare Cabin Embarked
18          18        1      2 Williams, Mr. Charles Eugene male 30.74071     0     0 244373   13              S
   PassengerId Survived Pclass                     Name    Sex Age SibSp Parch Ticket  Fare Cabin Embarked
20          20        1      3 Masselmani, Mrs. Fatima female  NA     0     0   2649 7.225              C
   PassengerId Survived Pclass                     Name    Sex   Age SibSp Parch Ticket  Fare Cabin Embarked
20          20        1      3 Masselmani, Mrs. Fatima female 21.75     0     0   2649 7.225              C
   PassengerId Survived Pclass                     Name  Sex Age SibSp Parch Ticket  Fare Cabin Embarked
27          27        0      3 Emir, Mr. Farred Chehab male  NA     0     0   2631 7.225              C
   PassengerId Survived Pclass                     Name  Sex      Age SibSp Parch Ticket  Fare Cabin Embarked
27          27        0      3 Emir, Mr. Farred Chehab male 26.50759     0     0   2631 7.225              C
   PassengerId Survived Pclass                           Name    Sex Age SibSp Parch Ticket   Fare Cabin Embarked
29          29        1      3 O'Dwyer, Miss. Ellen "Nellie" female  NA     0     0 330959 7.8792              Q
   PassengerId Survived Pclass                           Name    Sex   Age SibSp Parch Ticket   Fare Cabin Embarked
29          29        1      3 O'Dwyer, Miss. Ellen "Nellie" female 21.75     0     0 330959 7.8792              Q
   PassengerId Survived Pclass                  Name  Sex Age SibSp Parch Ticket   Fare Cabin Embarked
30          30        0      3 Todoroff, Mr. Lalio male  NA     0     0 349216 7.8958              S
   PassengerId Survived Pclass                  Name  Sex      Age SibSp Parch Ticket   Fare Cabin Embarked
30          30        0      3 Todoroff, Mr. Lalio male 26.50759     0     0 349216 7.8958              S
   PassengerId Survived Pclass                                               Name    Sex Age SibSp Parch   Ticket     Fare Cabin Embarked
32          32        1      1 Spencer, Mrs. William Augustus (Marie Eugenie) female  NA     1     0 PC 17569 146.5208   B78        C
   PassengerId Survived Pclass                                               Name    Sex      Age SibSp Parch   Ticket     Fare Cabin Embarked
32          32        1      1 Spencer, Mrs. William Augustus (Marie Eugenie) female 34.61176     1     0 PC 17569 146.5208   B78        C
```

图 11－12　部分补全的数据情况

第三节　数据分析实例

在预处理步骤，经常要统计已有的数据情况来辅助决定做什么样的处理。在之前的例子里，笔者主要对数值型和类别型的数据进行了分析。而除了数值型和类别型的数据，在新闻传播学研究的数据分析中，经常需要处理文本数据。

文本数据，比如之前构建网络爬虫爬取的新闻数据，其中包含新闻标题和新闻内容。拿到了文本数据，如果没有特定的分析目标的话，那么可以按照一个基本的流程，先做文本预处理，接着从词语、句子、文档等不同粒度进行分析。对于中文和英文的文本，处理流程基本是接近的，但是由于各自语言的特点，有一些步骤略微不同。

一、预处理

在文本预处理阶段，通常要先进行切词，就是将文段划分为不同的句子，句子内部再切分成一个个单词。切词的过程，中英文的处理略有不同。因为英文的单词之间是用空格隔开的，通过识别空格就可以完成切词的工作，正确率高。而中文的切词，由于需要理解文本语义才能进行正确的划分，目前已有的基于机器学习的切词方法不一定能达到完全正确。如果有一些特定的专业术语，可以通过扩展词典等方法来提高正确率。

进行了切词之后，文本就存储为一系列的单词。预处理的第二个步骤是进行文本的清洗。通常我们会过滤掉一些停用词(Stop Words)。停用词是指在信息检索中，为节省存储空间和提高搜索效率，在处理自然语言文本之前或之后要自动过滤掉的某些字或词。这些停用词都是人工定义的，并没有一个公认的标准。比如爬虫程序在××网上下载的新闻文本资料里面，很多地方提到“××网”这个词，它指的是报道的来源，那么在数据集里面要过滤掉，但其实是不需要将“××网”这个词设置为停用词的。虽然不同数据集的停用词设置有些许差别，但是可以基于目前已有的被预定义好的，适合大多数情况的停用词表来做扩充。这些通用的停用词表里定义了一般我们会过滤掉的符号、“的”“得”“地”等。在处理过程中，可以先选用一个比较通用的停用词表，再在上面添加数据集特定的停用词。

除切词和过滤停用词之外，对于英文，一般会进行大小写转换、词干提取和形态还原等处理，使其不受单复数和时态的影响。在此基础上，还有多种用于提高预处理效果的措施。对于缩写词，可以将其补全为非缩写形式，例如“中大”可以扩展为“中山大学”，这样处理之后，统计“中山大学”这个词的词频的时候，统计到的是实际提到“中山大学”这个实体的次数。另外，还可以进行单词的词语自动纠错等处理，对中文短语或者英文单词中的错误自动修改为其接近的正确的短语和单词。

本小节使用R语言中的jiebaR这个中文处理库来演示预处理的过程，如图11－13所示。这段程序里，第一行程序导入了jiebaR包。接着，在news变量里面存储了一条从这个新闻内容页面复制出的具体内容。按照jiebaR工具使用说明，第13行创建了一个处理工具engine，并在里面设置了自定义词典和停用词表。这里，自定义词典和停用词表使用的是jiebaR切词默认提供的词语。第14行使用segment()函数，其输入值为待切词的字符串以及进行切词的engine。切词之后，程序将结果存储在words变量里。第15行将words，也就是切词后的结果存储为文件。

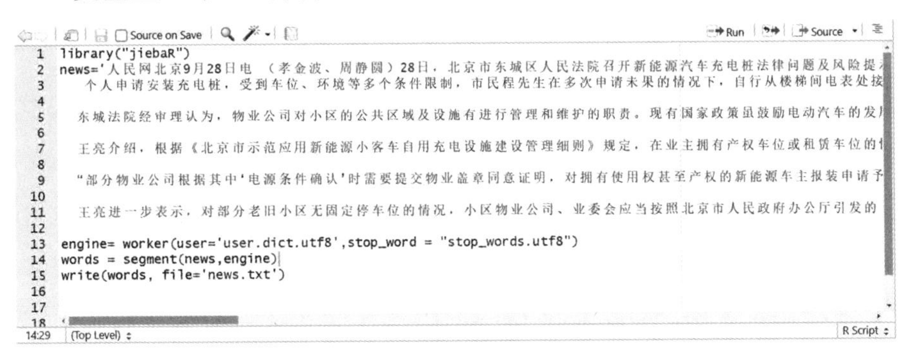

图11－13 进行切词的程序

运行程序之后，打开生成的文件news1.txt进行查看，可以看到，在里面“充电”和“桩”被切分为两个词，而在这则新闻报道里，“充电桩”应该是一个词。这里，可以手工编辑“user.dict.utf8”，将“充电桩”加入自定义词典里。而注意到里面有“28”“日”这几个应该过滤的词，也将其添加进停用词表“stop_words.utf8”里。重新运行程序之后，可以看到“充电桩”被识别为一个词，而之前加到停用词里的词也被过滤了。

二、情感极性评估

基于切词的结果，可以对文本做进一步分析。对于词语，可以进一步识别其词性、情感极性、情感分类及情感强度等属性。利用 jiebaR 等很多文本处理工具，都能够获取词语对应的属性。这些方法，可以分为两大类：一类是基于机器学习的方法，这些方法会结合词语所在的句子，去分析词语在特定语用下的属性；另一类是基于词汇库的，类似去查字典，根据词语本身就可以获得其具体的属性信息。

比如对文本进行情感极性的评价，可以采用字典法。每个词汇库中包含了常用词的词性种类、情感类别、情感强度及极性等信息，不同词汇库提供的属性各有不同。在本节例子里，使用了大连理工大学信息检索研究室整理的中文情感词汇本体库。关于中文情感词汇本体库的使用方式，可以在 http://ir.dlut.edu.cn/info/1013/1142.htm 中查询到更具体的说明。中文情感词汇本体库的设计者对常用词的情感极性进行了编码，因此，可以遍历整个词汇本体库，去检索对应词的情感极性。在此基础上，通过合并一个句子中所有词的情感极性情况，来对其进行句子、段落、文章级别的情感极性判别。这个程序使用简化的情感分数计算逻辑，将所有极性标注对应为一个得分，比如中性为 0 分，褒义为 1 分，贬义为 −1 分，通过叠加可以获得整个新闻的情感得分。

具体的程序如图 11－14 所示。第 1～2 行先导入需要进入使用的包，其中 xlsx 是用于处理 Excel 文件。程序第 3 行使用 xlsx 中读取 Excel 文件的接口，函数为 read.xlsx()，其输入参数为文件路径以及要读取的 Excel 表格的序号。这里设定为 1，因为一个 Excel 文件有多个表格，这里选定了第一个文件。读出来之后，将中文情感词汇本体库的内容读入到变量 dict 中。接着，第 4 行作为测试代码，输出词语为“盛开”的“极性”的内容。第 5～17 行与上一个例子一样，设定了要处理的文本进行切词。第 18 行设定了要记录这份文档的情感极性的变量 score，并初始化它的值为 0。第 19～30 行是一个循环结构，使用 for 循环处理切词之后得到的每个单词。在循环内部，首先判别这个词是否在中文情感词汇本体库中，因为它一般只包含比较常用的词语。如果该词没有存在，那就不会影响情感极性。在程序的第 21～24 行与第 25～29 行，这两个程序块实现的是类似的功能，不同之处在于其处理的情感极性不同。由于中文情感词汇本体库的设计者将褒义词编码为 1，贬义词编码为 2，中性词编码为 3，所以需要对应识别出褒义词和贬义词，在总分中加上该词的情感极性得分，分别对 score 进行−1 和＋1 的处理。由于中性词不影响 score，因此没有对其进行判别处理。程序第 23 行、第 27 行和第 31 行分别输出了词语判断的结果和最终的分数。这里使用 cat()和 print()两个操作,其功能是类似的。

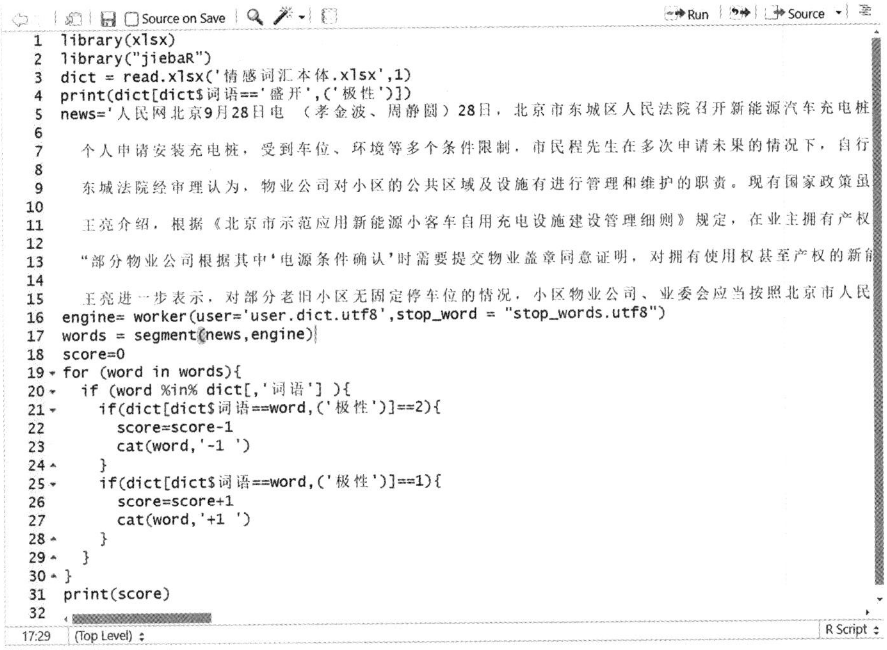

```
1  library(xlsx)
2  library("jiebaR")
3  dict = read.xlsx('情感词汇本体.xlsx',1)
4  print(dict[dict$词语=='盛开',('极性')])
5  news='人民网北京9月28日电 （孝金波、周静圆）28日，北京市东城区人民法院召开新能源汽车充电桩
6
7    个人申请安装充电桩，受到车位、环境等多个条件限制，市民程先生在多次申请未果的情况下，自行
8
9    东城法院经审理认为，物业公司对小区的公共区域及设施有进行管理和维护的职责。现有国家政策虽
10
11   王亮介绍，根据《北京市示范应用新能源小客车自用充电设施建设管理细则》规定，在业主拥有产权
12
13   “部分物业公司根据其中‘电源条件确认’时需要提交物业盖章同意证明，对拥有使用权甚至产权的新
14
15   王亮进一步表示，对部分老旧小区无固定停车位的情况，小区物业公司、业委会应当按照北京市人民
16 engine= worker(user='user.dict.utf8',stop_word = "stop_words.utf8")
17 words = segment(news,engine)
18 score=0
19 for (word in words){
20   if (word %in% dict[,'词语'] ){
21     if(dict[dict$词语==word,('极性')]==2){
22       score=score-1
23       cat(word,'-1 ')
24     }
25     if(dict[dict$词语==word,('极性')]==1){
26       score=score+1
27       cat(word,'+1 ')
28     }
29   }
30 }
31 print(score)
32
```

图 11-14 进行情感极性判别的程序

三、词频统计与关键词提取

对词频的统计是最能简单体现文本中心的方式之一。在基于文本生成词云时,一般采用的就是根据词频去反映词语的重要度。而对关键词的提取,则不仅考虑词语的频率,同时要考虑这个词在同类文档里的使用情况。比如“的”这个词,在大多数文档里出现的频率都非常高,但是这个词即使在当前文档的出现频率最高,也不代表它是一个重要的词。基于这样的原理,提取关键词常使用 TF-IDF 的评估方式。

如图 11-15 所示,使用 jiebaR 包来对刚才提取的新闻内容的词语进行词频分析和关键词提取。代码第 1～14 行与图 11-14 的例子一样,都是先导入所需的包,设定要分析的文本,然后对其切词。程序第 15 行的词频分析使用了 freq()这个函数,用于生成按照词语及其频率组成的列表,并将其输出。对于关键词的提取,是在程序的第 17 行,这里需要在创建处理工具 engine 时设置其类型为 keywords,并且设定要提取的关键词数量,这里设置为 10。在程序的第 18 行,调用 vector_keywords()这个函数,输入的变量是切词的结果,以及在第 17 行设置的新的 engine。最后,在程序的第 19 行输出了提取的关键词。

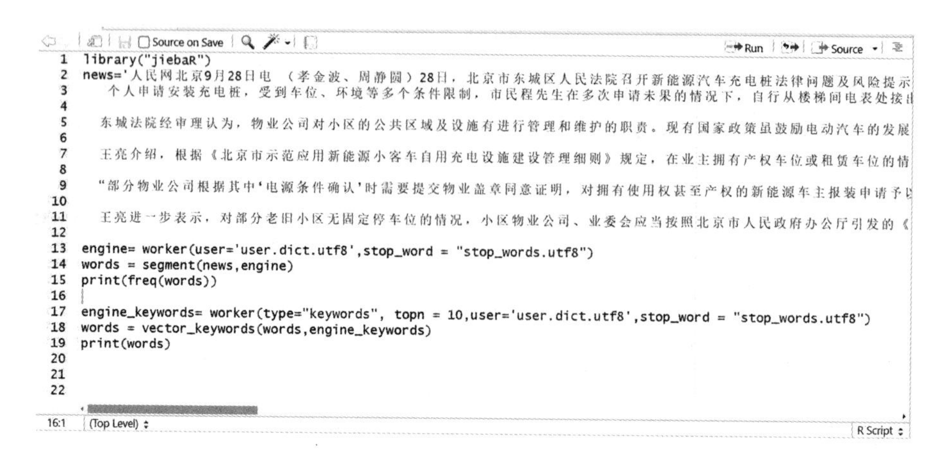

图 11－15　词频分析与关键词提取的程序

输出结果的页面如图 11－16 所示，可以看到“充电桩”“物业公司”“充电”“小区”这些关键词，都是和新闻主题非常相关的。

129.131	92.8556	82.9669	75.0375	63.0567	46.9175	41.2686	39.0942	35.0048	34.3107
"充电桩"	"物业公司"	"充电"	"小区"	"业主"	"安装"	"车位"	"停车位"	"公共"	"电动汽车"

图 11－16　关键词提取结果

对于文本的处理，在计算机科学中的自然语言处理这个研究领域中，有很多的方法和工具，能够支持自动进行文本相似度比较、文本分类、摘要生成等各类任务。在这里我们只介绍了最基础的分析方法，希望能够为初次接触到较大规模数据分析的读者提供学习的思路。

参考文献
References

[1]BENDIX R. Concepts and generalizations in comparative sociological studies[J]. American Sociological Review,1963,28(4):532-539.

[2]COHEN L,MANION L. Research in education[M]. 8th Edition. New York: Routledge,2018.

[3]ESSER F,HANITZSCH T. The Handbook of Comparative Communication Research[M]. New York:Routledge,2012.

[4]FLICK U. Triangulation revisited: Strategy of validation or alternative? [J]. Journal for the Theory of Social Behavior,1992,22(2):175-197.

[5]FLICK U. Triangulation:The SAGE Handbook of Qualitative Research[M]. 5th Edition. SAGE,2018.

[6]GEOFF P,JUDY D. Key Concepts in Social Research[M]. SAGE,2004.

[7]GERRING J. Case Study Research:Principles and Practices[M]. Cambridge University Press,2017.

[8]HALLIN D C,MANCINI P. Comparing Media Systems:Three Models of Media and Politics[M]. Cambridge University Press,2012.

[9]IMBENS G W,RUBIN D B. Causal Inference for Statistics,Social,and Biomedical Sciences:An Introduction[M]. Cambridge University Press,2015.

[10]LIJPHART A. Comparative politics and the comparative method[J]. American Political Science Review,1971,65(3):682-693.

[11]LIU D,AINSWORTH S E,BAUMEISTER R F. A meta-analysis of social networking online and social capital[J]. Review of General Psychology,2016(20):369-391.

[12]O'DONOGHEUE T,PUNCH K. Qualitative Educational Research in Action: Doing and Reflecting[M]. New York:Routledge,2003.

[13]RAGIN C C. The Comparative Method:Moving beyond Qualitative and Quantitative Strategies[M]. University of California Press,1989.

[14]RICHTER M M,WEBER R O. Case-Based Reasoning[M]. New York:Springer,2013.

[15]RYNN M. The Comparative Method[M]//LOWNDES V,MARSH D. Theory and Methods in Political Science. Palgrave Macmillan,2010.

[16]WHYTE W H. The Organization Man[M]. Philadelphia:University of Pennsylvania Press,1956.

[17]WILLIAM D. On and off the net:Scale for social capital in an online era[J]. Journal of Computer-Mediated Communication,2006(11):593-628.

[18]YIN R. Case Study Research:Design and Methods[M]. SAGE,2009.

[19]YIN R. Case Study Research and Applications:Design and Methods[M]. 6th Edition. SAGE,2018.

[20]丹尼尔·卡拉曼尼.基于布尔代数的比较法导论[M].蒋勤,译.上海:格致出版社,2012.

[21]袁岳,张军.神奇会议:如何召开座谈会[M].北京:机械工业出版社,2006.

[22]“基因编辑婴儿”案一审宣判 贺建奎等三被告人被追究刑事责任[EB/OL].[2022-01-01]. https://baijiahao.baidu.com/s?id=1654317683393388334&wfr=spider&for=pc.

[23]白长虹,刘春华.基于扎根理论的海尔、华为公司国际化战略案例相似性对比研究[J].科研管理,2014,35(3):99-107.

[24]姚曦,王佳.国际品牌跨文化传播的影响因素模型与提升路径:一项基于扎根理论的探索性研究[J].新闻与传播研究,2014,21(3):34-51.